300 PAGES

— MÉLANGES PHILOSOPHIQUES —

PAR

ALPHONSE KARR

PARIS

MICHEL LÉVY FRÈRES, LIBRAIRES-ÉDITEURS
RUE VIVIENNE, 2 BIS
—
1858

Reproduction et traduction réservées.

COLLECTION MICHEL LÉVY

300 PAGES

Paris. — Imprimerie A. Wittersheim, 8, rue Montmorency.

I

... MONSIEUR SAIT DU GREC AUTANT QU'HOMME DE FRANCE

J'étais depuis quelque temps, je l'avouerai, un peu jaloux du succès qu'obtenaient les « forts en thème. » Janin, ambitionnant la gloire du père Porée ou du père Ducerceau, abandonnait tout doucement le français pour le latin ; Dumas traduisait Homère, que Ponsard venait d'imiter.

Et moi, disais-je dans ma douleur, moi dont les joues ont été publiquement et au son de la musique couvertes de tant de baisers par M. Frayssinous, alors grand-maître de l'Université, en récompense de mes victoires dans les concours généraux ;

Moi qui ai été professeur dans un collége royal,
Ne trouverai-je pas une occasion de me montrer

un peu expert dans les deux langues que l'on nous apprenait, les deux seules langues qui ne se parlent pas ?

Un hasard heureux me fournit aujourd'hui une occasion de prendre ma revanche.

J'ai retrouvé chez un confiseur de Gênes, — il signor Romanengo, via Degli-Orefici, — un vieux parchemin sur lequel j'ai déchiffré quelques dialogues de Lucien. Cette pièce ne se trouve ni dans la traduction de d'Ablancourt ni dans celle de Belin de Balu; elle n'est ni dans l'édition d'Hermsterhuys (Amsterdam, 1743) ni dans celle faite en 1789, à Deux-Ponts, par mon grand-père, en société avec le duc de Deux-Ponts, ni dans l'édition de MM. Firmin Didot (1840).

Il est juste de dire que cette pièce n'est ni terminée ni corrigée, que ce n'est guère qu'un plan et une ébauche.

Il ne serait même pas tout à fait impossible que ce fût le premier jet d'un dialogue déjà connu, imprimé dans l'édition de Deux-Ponts et dans celle de MM. Didot : c'est le huitième dialogue des dieux, *theôn dialogoi*. On y retrouve à peu près les mêmes personnages et quelques-unes des mêmes pensées.

Quoi qu'il en soit, voici ma trouvaille :

JUPITER, MINERVE, VULCAIN. (*Dios*, *Athênés kai Ephaïstou*.)

JUPITER.

Dis-moi un peu, ô ma fille aux yeux pers (*glaucopis*), dis-moi ce qui se passe en ce moment dans le monde terrestre.

MINERVE.

De tristes choses, ô grand Jupiter (*mega Dzeu*)!

JUPITER.

Et que font les humains pour mériter que je leur vienne en aide, ô vierge toujours armée (*parthenos enoplos*)?

MINERVE.

Les sages et les prêtres s'assemblent, ô mon père.

JUPITER.

Apporte-moi, Vulcain, ce cornet que tu m'as fabriqué et au moyen duquel j'entends les coassements des hommes, depuis que je me suis retiré au plus haut des cieux.

VULCAIN.

Le voici : il faut faire ce que tu ordonnes.

MINERVE.

Eh! pourquoi riez-vous si fort, ô mon père? Comment les malheurs de la terre peuvent-ils exciter à ce point votre gaieté?

JUPITER.

Je veux que tu assistes à cette scène amusante (*logon geloïon*). Et toi aussi, Vulcain, élargis donc un peu l'orifice de ton cornet pour qu'il puisse nous servir à tous trois.

VULCAIN.

J'obéis, ô Jupiter. (*O Dzeu, chrê poïeïn ôs ekeleusas.*)

Alors les voix d'en-bas parviennent jusqu'au ciel.

PREMIER PHILOSOPHE.

Le monde est dans la désolation : la guerre, la famine et la peste! Par Jupiter (*nê Dia*), il est temps d'aviser.

UN PRÊTRE DE MINERVE.

Voici ce que je propose. Vous savez tous que Minerve est sortie de la tête de Jupiter.

LE PRÊTRE D'AMMON.

Et qu'elle a à l'instant même dansé la pyrrhique (*purrikizeï*).

LE PRÊTRE DE MINERVE.

C'est là la question. En dansant la pyrrhique, est-elle partie du pied gauche ou du pied droit?

LE PRÊTRE D'AMMON.

Du pied droit, sans aucun doute.

LE PRÊTRE DE MINERVE.

Sans aucun doute pour vous, sans aucun doute pour moi; mais il y a des gens qui feignent d'en avoir. Bien plus, il y a des gens qui soutiennent qu'elle est partie du pied gauche. Que vous en semble, messieurs?

PREMIER PHILOSOPHE.

Il m'en semble que ça m'est bien égal.

DEUXIÈME PHILOSOPHE.

Et moi, je n'en sais absolument rien.

LE PRÊTRE D'AMMON.

Coupable indifférence !

LE PRÊTRE DE MINERVE.

Coupable, mais encore sauvage et maladroite (*ponêros porrô technes kai parabolos*). Jupiter et Minerve doivent être furieux, et ce n'est pas pour autre chose qu'ils accablent la terre de tant de fléaux.

JUPITER.

Pour ma part, ô ma fille aux yeux verts ! je déclare qu'il ment, et je le jure par moi-même (*nê Dia pseudetai*). Mais tu étais là, Vulcain ; te rappelles-tu la chose ? C'est toi qui as fait l'office de sage-femme (*kata tên eïleïthuian*).

VULCAIN.

Je me rappelle, ô Jupiter ! que tu avais un grand mal de tête (*mega kakon en tê kephalê*) ; que je te frappai la tête de mon marteau ; que cette vierge en sortit tout armée (*enoplos*), et qu'elle se mit à danser la pyrrhique, en agitant son bouclier et en brandissant sa lance (*aspida tinasseî kai to doru pallei*), et qu'elle avait si bonne grâce, que je te demandai à l'épouser. J'aurais peut-être été plus heureux avec elle qu'avec Aphrodite.

JUPITER.

Continuons d'écouter où en sont les humains.

LE PRÊTRE D'AMMON.

Si nous ordonnons une fois pour toutes que l'on croira que Pallas est partie du pied droit, nul doute que Jupiter et la sage Minerve elle-même n'en soient heureux et reconnaissants. Nous pouvons donc faire nos conditions.

LE PRÊTRE DE MINERVE.

Mais il faudrait pendre aux figuiers ceux qui prétendent qu'elle est partie du pied gauche.

LE PRÊTRE D'AMMON.

Cela va sans dire.

LE PRÊTRE DE MINERVE.

Et brûler ceux qui prétendent ne pas s'en soucier.

LE PRÊTRE DE MINERVE.

Prodigieusement raisonnable.

PREMIER PHILOSOPHE.

Est-ce pour nous que vous dites cela?

LE PRÊTRE D'AMMON.

Parfaitement pour vous.

LE PRÊTRE DE MINERVE.

Jupiter et Minerve doivent être là-haut dans une horrible anxiété; dépêchons-nous donc. Nous allons déclarer que Minerve, en dansant la pyrrhique, est partie du pied droit; accessoirement, que l'on pendra ceux qui soutiennent le contraire; corollairement, que l'on brûlera ceux à qui cela est égal. Si ensuite Jupiter ne nous délivre pas des fléaux qui nous écrasent, si Minerve n'intercède pas pour nous, c'est que Jupiter et Minerve sont des ingrats.

Parenthèse : (On se rappelle que Louis XIV, à l'époque de ses revers, reprocha à Dieu de s'être fort compromis à son service en révoquant l'édit de Nantes, et dit : « Comme Dieu me traite... après ce que j'ai fait pour lui !) »

Revenons à Lucien.

JUPITER.

Ah ! mes amis, non, je n'ai jamais tant ri, depuis le jour où Vulcain voulut me servir à boire en place de Ganymède. Je déclare que c'est une des meilleures plaisanteries que les hommes m'aient faites ; je ne l'oublierai pas (*mnemosunê graphomai*). Mais, vraiment, cela fait mal de rire tant que cela. Maintenant, ma fille aux yeux verts (*glaucopis*), écoute-moi bien. Ces gens ne sont nullement portés à dire ces sottises par respect pour toi : c'est un prétexte pour se haïr et s'entre-tuer les uns les autres. Vulcain, nous allons encore déménager et transporter l'Olympe plus haut. Décidément, les hommes sont trop méchants et trop bêtes.

A l'époque où Lucien écrivait ces choses, les dieux du paganisme étaient, en effet, en grande décadence à cause des sottises que les hommes leur avaient fait faire.

Je viens de raconter de quelle manière, me trouvant à Gênes, et achetant, dans la rue des Orfévres des marrons glacés chez le célèbre Romanengo, je découvris dans un coin quelques feuilles de parchemin sur lesquelles je vis des caractères grecs.

Or, il est encore un certain nombre de gens, aujourd'hui hommes faits, qui peuvent se rappeler m'avoir entendu leur répéter, d'une chaire du collége Bourbon, les choses que j'avais écoutées des bancs quelques années auparavant. Je suis donc quelque peu érudit ès langues grecque et latine, et je ne sais guère que cela.

Je m'emparai des feuilles de parchemin, que j'emportai avec mes marrons : c'étaient des dialogues inédits de Lucien ; ceux qui ne me croiront pas devront alors révoquer en doute toutes les trouvailles de ce genre auxquelles il a été si longtemps de mode d'attribuer diverses publications.

Je me réserve d'ailleurs, — comme il convient à un savant, puisque c'est le rôle que je joue en cette occasion, — de déclarer tous ceux qui ne seront pas de mon avis — ânes, pourceaux, bélîtres, bêtes à manger du foin, empoisonneurs et assassins, — suivant en cela d'illustres exemples, et en particulier celui d'un savant jésuite, qui avait copié sur un cahier toutes les injures, gros mots, vilenies, etc., qu'il avait entendus ou lus, dans la rue et dans les livres, et dans toutes les langues, et qui, aussitôt qu'on hésitait à admettre une de ses opinions, ouvrait le livre et le copiait de la première ligne à la dernière, en adressant le tout à son adversaire.

Cela dit, je donne encore au public un des dialogues que j'ai eu le bonheur de sauver de l'oubli. C'est un peu moins commun que de découvrir des planètes, et un peu mieux porté.

DE JUPITER ET DE VULCAIN (*Dios kai Ephaïstou.*)

JUPITER.

Chôme-t-on dans tes forges, ô mon fils Vulcain, que tu sois arrivé tout clopinant dans l'Olympe ?

VULCAIN.

Ce qui ne chôme pas assez, ô Jupiter ! ce sont les langues des dieux. Depuis que la mauvaise conduite de Vénus est connue, au lieu de blâmer la volage déesse, on ne cesse de m'accabler de quolibets.

JUPITER.

Et que veux-tu que j'y fasse?

VULCAIN.

Ordonner aux dieux de cesser leur folie?

JUPITER.

Viens plutôt avec moi; j'allais descendre un moment parmi les hommes. Je voulais me reposer du nectar en buvant un peu de piquette et de vin bleu. Viens avec moi, nous écouterons un peu ce que les êtres créés disent de moi; cela te consolera des cancans de l'Olympe, et tu reviendras ici délivré de ton souci.

VULCAIN.

Nous voici sur la terre. Hélas! sur la terre comme dans l'Olympe, Vénus m'a trompé.

JUPITER.

Oublie un moment tes chagrins et prête l'oreille;

réponds-moi un peu, grenouille, ma mie, qui coasses dans ton marais : Que penses-tu du créateur de toutes choses, du grand Jupiter?

LA GRENOUILLE.

Je pense que c'est une immense grenouille verte, que le ciel est un vaste marais que le soleil ne dessèche jamais, et sur lequel voltigent sans cesse des mouches grosses comme des moutons, dont elle fait sa nourriture. Sur ce marais sont des nénuphars et des lotus, jaunes, bleus et roses, sous lesquels elle trouve une ombre parfumée.

JUPITER.

Êtes-vous d'accord en cela avec les autres grenouilles ?

LA GRENOUILLE.

Excepté sur un point, ô Zéus! je suis d'avis que les fils de la grenouille immortelle qui a créé le monde, naissent à l'état de grenouille, sans être préalablement des têtards, tandis qu'une secte criminelle et méprisable prétend qu'ils naissent d'abord têtards, et ne deviennent grenouilles que plus tard.

JUPITER.

Appelle-moi un de ces sectaires.

LA GRENOUILLE.

Impossible! Il n'y en a plus : nous les avons mangés pour les punir, pour venger et honorer la toute-puissante grenouille.

JUPITER.

Est-il quelque autre secte?

LA GRENOUILLE.

Il y en avait une qui soutenait que les fils de Zéus naissent têtards, mais sans queue.

JUPITER.

Qu'est-elle devenue ?

LA GRENOUILLE.

Elle a été mangée par ceux que nous avons mangés.

JUPITER.

Trouble un peu l'eau, ô mon fils Vulcain, pour faire fuir cette bavarde.

Descends un peu ici, toi qui planes dans les airs. O vautour! quelle idée te formes-tu du souverain maître de toute chose?

LE VAUTOUR.

Tout le monde sait bien que c'est un vautour bleu qui a deux mille coudées d'envergure, et qui passe l'éternité à manger une hécatombe immortelle, qui se renouvelle sans cesse sous son bec. Pour lui plaire, il faut éventrer beaucoup de bœufs et beaucoup de moutons. Il y a bien quelques vautours qui soutiennent que Jupiter est un vautour rose, mais nous les plumons et les dépeçons quand ils tombent entre nos griffes.

JUPITER,

Chasse un peu cet oiseau, Vulcain.

VULCAIN.

Regarde, ô Jupiter! cet âne qui broute l'herbe d'un air magistral; faut-il le questionner? Crois-tu, ô sire âne! que le chardon que tu manges se soit fait lui-même?

L'ANE.

Il faut être bien homme, ô étranger! pour dire

une pareille sottise.... Ne sais-tu pas qu'il y a au-dessus de nous un âne tout-puissant broutant sans cesse un gazon bleu, que vous appelez le ciel, et que... Mais attends un peu.

VULCAIN.

Eh! qu'est-ce que cet autre âne qui accourt du bout du pré? Ils se précipitent l'un sur l'autre, se donnent des ruades et se mordent mutuellement. Le nouveau venu est vainqueur; l'autre se sauve en boitant, comme je fais depuis que tu m'as jeté d'un coup de pied du haut du ciel.

JUPITER.

Pourquoi, ô âne! as-tu mordu, estropié et chassé l'âne qui te précédait dans ce pâturage?

L'ANE.

Pour le civiliser et faire triompher la vérité.

JUPITER.

Qu'est-ce que la vérité? n'es-tu pas d'avis comme lui que Jupiter est un grand âne qui mange de l'herbe bleue?

L'ANE.

Oui, mais il prétend sans raison que c'est un âne à poils ras, tandis que la vérité est que c'est un âne à poils soyeux et frisés.

JUPITER.

Et pourquoi dresses-tu tes oreilles et as-tu l'air épouvanté?

L'ANE.

C'est que voici venir deux ânes terribles à voir de mes ennemis.

JUPITER.

Ce pâturage est assez grand pour vous trois.

L'ANE.

Si nous y étions ensemble, nous ne passerions pas le temps à manger, mais à nous battre.

JUPITER.

Pourquoi cela?

L'ANE.

Ils vous le diront ; moi, je me sauve.

JUPITER.

Eh vous autres, les nouveaux venus, pourquoi chassez-vous ce bon âne qui broutait si bien ?

UN DES ANES.

Parce que c'est un scélérat qui offense sans cesse Jupiter, ce grand âne immortel que nous vengeons.

JUPITER.

Et en quoi offense-t-il Jupiter ?

PREMIER ANE.

Jupiter ne veut pas que l'on mange de chardon avant midi.

SECOND ANE.

Avant une heure, mon frère.

PREMIER ANE, *lançant une ruade à l'autre.*

Avant midi, mon frère.

DEUXIÈME ANE, *lui rendant la ruade.*

Avant une heure, mon frère.

PREMIER ANE.

Vous êtes un homme, mon frère. (*Nouvelle ruade.*)

DEUXIÈME ANE.

Et vous un coquin, mon frère. (*Autre ruade.*)

PREMIER ANE.

Et vous un empoisonneur, mon frère. (*Il le mord.*)

DEUXIÈME ANE.

Et vous un incestueux, mon frère. (*Il le mord.*)

JUPITER.

Calmez votre insolence, et allez-vous-en. (*Il leur donne des coups de bâton; les ânes vont se battre derrière des saules éloignés.*) Vois-tu, Vulcain, ce que l'on dit de moi. Que serait-ce si nous écoutions les hommes! tu entendrais bien plus encore de sottises et de méchancetés; ils s'entre-tuent pour la couleur de ma barbe; car, semblables aux ânes, aux vautours, aux grenouilles, ils ont fait de moi un être semblable à eux, c'est-à-dire un homme très-méchant, très-vaniteux, très-cruel.

Ils s'entre-tuent, disais-je, pour la couleur de la barbe qu'ils me supposent; ils se brûlent, se torturent pour décider si je bois le nectar de la main droite ou de la main gauche, si l'ambroisie est un mets cuit ou cru, si c'est du pied gauche ou du pied droit que je t'ai jeté du ciel ce jour que tu sais, si j'occupe le bord du lit ou la ruelle, auprès de Junon aux beaux yeux, aux gros yeux, aux yeux de bœuf (*boôpis*).

VULCAIN.

Et pourquoi ne pas questionner les hommes, ô mon père ?

JUPITER.

Parce que cela m'afflige. J'avais essayé de faire de l'homme un animal plus raisonnable que les autres, et il est le plus sot, le plus méchant et le plus malheureux des animaux. Cela m'humilie de n'avoir pas mieux réussi. J'ai voulu seulement te faire entendre quelques-unes des moindres sottises que l'on dit de moi et que l'on fait en mon honneur, moi qui suis le maître des dieux, pour te faire prendre en patience les paroles des autres dieux à ton égard.

Remontons, si tu veux, au ciel, après avoir regardé ce bel oiseau qui chante au-dessus de son nid, où sa femelle tient chaudement sous ses ailes les fruits nouvellement éclos de leurs amours.

Son col chatoie au soleil; il ramasse des grains pour sa femelle et ses petits; il chante, il ne fait de mal à personne; il est heureux, il aime. Voilà comme je voudrais être honoré par toutes les créatures.

L'églantine sauvage qui s'épanouit sur le buisson; le chèvrefeuille qui laisse retomber du haut des arbres ses suaves parfums; la mousse qui couvre de son velours vert le toit de chaume du pauvre; le rossignol qui chante dans la nuit; le poëte qui célèbre les magnificences de la nature; le papillon bigarré, dont les ailes s'épanouissent au soleil comme les pétales d'une fleur; la mère qui allaite son enfant; le laboureur qui dirige ses bœufs dans le sillon, tout cela m'honore et me prie; tout cela obéit à ma volonté et au développement des facultés que j'ai données à chacun.

Mais ceux (mot à mot : les vauriens) qui haïssent de toutes leurs forces (mot à mot : des dents et des ongles); ceux qui s'entre-tuent; les fourbes surtout, qui me prennent pour prétextes de leurs fureurs, voilà ceux qui manquent de religion; voilà ceux qui excitent ma juste colère, et que je punirai sévèrement, j'en jure par mon frère Pluton.

J'ai reçu de M. Viennet une lettre aigre-douce, plus aigre que douce.

M. Viennet est très-fâché contre moi.
Pourquoi?
Le voici :

Dans l'*Épître à Clio*, de M. Viennet, dont je parlais avec éloge, j'ai critiqué un mot : « dégaîner, »
J'ai dit : « La framée passant généralement pour un javelot, on ne peut la dégaîner. »

M. Viennet me demande :

« Êtes-vous bien sûr, monsieur, de ce qu'était la framée?

M. Viennet me cite ensuite tel qui en a fait une hache d'armes, tel qui en a fait une épée à deux tranchants, etc.

« Je n'ai pas voulu décider la question, ajoute M. Viennet, et, au lieu de « dégaîner, » dans une lecture publique, je me suis borné à « saisir. »

» Je m'étais ravisé avant vous. »

M. Viennet est donc de mon avis ; il n'est pas prudent de dire : « dégaîner sa framée. »

Du reste, le *Dictionnaire de l'Académie,* édition de 1852 (Firmin Didot), dit :

Framée, arme des anciens Germains.

Boiste, revu par Nodier, dit :
Framée, arme de jet et de main.

Nodier tout seul (*Vocabulaire de l'Académie*) :
Framée, arme des anciens Germains,

Napoléon Landais :
Framée, javeline.

Bescherelles :
Framée, javelot, — épée à deux tranchants, — maillet d'armes, etc., etc.

L'opinion la plus répandue est donc, comme je le disais, que la framée était une sorte de javelot; elle ne pourrait pas davantage se dégaîner si elle était un maillet ou une hache d'armes, et il n'est pas certain du tout que ces grandes épées à deux tranchants et à deux mains eussent des fourreaux.

Mais, en tous cas, puisque M. Viennet s'était « ravisé avant moi, » puisqu'il avait effacé dégaîner, et l'avait remplacé par saisir, ce qui m'inquiète un peu pour la mesure du vers, mon opinion est donc conforme à la sienne. Pourquoi alors cette mauvaise humeur contre moi ?

M. Viennet, qui se fâche quand on est de son avis, se fâche également quand on n'en est pas.

« Quant à *votre* calendrier républicain, ajoute-t-il, les plaisanteries qu'il a provoquées ne seront usées que lorsqu'il ne se trouvera plus personne pour y voir une pensée très-élevée. Vous dites l'avoir prouvé ; je ne saurais prendre vos assertions pour des preuves, car une de vos guêpes m'a tué, il y a dix ou douze ans, et je crois que je me porte bien. »

M. Viennet, qui fait des fables, aurait pu remarquer qu'il nous fait jouer, à lui et à moi, précisément les rôles du loup et de l'agneau dans l'apologue de son précurseur Lafontaine.

En effet.

— Ah ! vous ne voulez pas que Clovis dégaîne sa framée, dit le loup.

— Pardon, répond l'agneau ; mais vous-même, si vous l'avez voulu, vous ne le voulez plus, puisque, ayant écrit *dégaîner*, vous avez lu *saisir*. (Comment diable le vers marche-t-il ?)

LE LOUP.

— Je sais que de moi tu médis l'an passé, une de vos guêpes m'a tué, il y a dix ans.

L'AGNEAU.

Je ne me le rappelle pas, et M. Viennet m'obligerait en précisant ses souvenirs pour réveiller les miens.

LE LOUP.

Attendu qu'une de vos guêpes m'a tué, il y a dix ans, je nie que vous ayez jamais prouvé quelque chose depuis, sans pour cela avoir besoin de connaître vos prétendues preuves.

L'AGNEAU.

Les avez-vous lues?

M. VIENNET.

A quoi bon? Vous avez fait des vers où la césure n'est pas suffisamment marquée.

L'AGNEAU.

J'ai eu alors grand tort.

LE LOUP.

Et d'ailleurs je réclame la priorité de mes remarques sur le scandaleux accroissement des comètes. Il y a quinze ans que j'en ai plaisanté dans la quinzième de mes quarante-cinq épîtres, car je date de loin.

L'AUTEUR DES GUÊPES.

Comment l'aurais-je su si je n'étais pas né?

M. VIENNET.

Si ce n'est pas vous, c'est M. de la Bédollière.

M. Viennet fait ensuite des vœux auxquels je me joins de grand cœur, mais que je ne puis exprimer ici, pour l'abolition de certaines choses.

Puis il me reproche la partialité de la critique sous la restauration (j'étais au collége), « lors de sa première réputation, car, chose assez rare dans l'histoire des lettres, j'ai dû m'en faire une seconde. »

« Je suis, en attendant, monsieur, à *condition de réciprocité*, le sincère admirateur de votre esprit, sous toutes réserves à l'égard de vos césures. Votre dévoué confrère en Apollon. »

> Là dessus au fond des forêts,
> Le loup m'emporte.....

Oh! à mon tour, monsieur, permettez-moi de réclamer la priorité, non pour moi, mais pour Molière. Il y a dans les *Femmes savantes* quelque chose qui ressemble fort à cela. J'ai accepté le rôle de l'agneau; permettez-moi de refuser celui de Vadius.

Oh! oui, monsieur, vous êtes poëte, vous êtes de cette race irritable,

Genus irritabile.

Vous me traitez ainsi parce que je critique quelque chose que vous avez effacé. Vous voulez qu'on admire vos vers, je le veux bien, mais aussi vos ratures. Ne trouveriez-vous pas un peu bien exigeant un cuisinier, quelque habile qu'il fût, qui voudrait qu'on mangeât avec plaisir les épluchures des excellents légumes qu'il a préparés ?

Après votre lettre, monsieur, vous n'avez plus le droit de vous plaindre de la critique.

J'ai rarement parlé de vous, monsieur, et je ne l'ai fait qu'avec toute sorte d'expressions d'estime pour votre personne, pour votre caractère et même pour certains de vos ouvrages. En 1848, monsieur, dans une lettre que j'ai gardée, vous vouliez bien m'accorder du bon sens (19 juillet 1848), et vous me donniez l'assurance de vos sentiments les plus affectueux.

Tout cela a changé ; je n'ai plus le sens commun, et vous n'avez plus pour moi de sentiments affectueux.

Parce que j'ai critiqué non un de vos ouvrages, non un de vos vers, mais une de vos ratures !

(Je voudrais bien savoir comment *saisir* a pu remplacer *dégaîner* dans un vers dont je suppose la césure irréprochable.)

24 JUIN

C'est aujourd'hui le jour de ma fête. J'ai résolu de célébrer cette solennité et de me « souhaiter la fête à moi-même. »

Quant aux vœux que je fais pour mon propre bonheur, je crois sage de ne pas leur donner de publicité, pour deux motifs de prudence dont je ne dirai qu'un seul. La plupart des hommes n'aiment pas autant qu'ils le disent la fleur sauvage qui s'épanouit au désert : l'alpen-rose dans la neige des monts inaccessibles ; les wergiss-mein-nicht, sur les rives solitaires : le nénuphar, au sein des eaux ; l'églantine sauvage, dans les haies inextricables et infranchissables. Non, ce qui plaît au plus grand nombre, c'est la fleur déjà à la boutonnière d'autrui, ou celle que quelqu'un cultive dans son jardin, ou encore celle qu'un autre a remarquée et compte cueillir demain pour l'offrir à une personne aimée.

Le bouquet que je veux m'offrir consiste en mon propre éloge. On n'est jamais tout à fait satisfait sous ce rapport que par soi-même. J'avais d'abord envie de rendre compte de la réimpression d'un ouvrage de moi qui s'appelle les *Guêpes*, et, — pour suppléer au silence des bons amis que j'ai dans les journaux, — de dire moi-même ici tout le bien que je pense de cet ouvrage.

Un très-grand écrivain de ce temps-ci recevait à brûle-pourpoint des éloges très-mérités sur un livre nouveau qu'il venait de mettre au jour.

« — Ah! monsieur, dit-il au thuriféraire, que vous êtes heureux de ne pas être l'auteur de cet ouvrage?

» — Comment, monsieur?... mais au contraire... Je ne comprends pas...

» — Oui, monsieur, vous êtes bien heureux de ne pas être l'auteur de ce beau livre, car vous pouvez en dire tout le bien que vous en pensez, et moi, je n'ose pas. »

J'étais tout d'abord fort déterminé à ne pas me laisser avoir un pareil chagrin ; puis je me suis arrêté ; — le monde nous élève un peu sévèrement, il nous traite comme font les parents vis-à-vis des enfants qu'ils prétendent bien élevés.

« Si tu demandes du bonbon, tu n'en auras pas. »

On a inventé à notre usage une modestie que nous n'avons jamais et que nous devons faire semblant d'avoir, et on n'obtient guère de nous au sujet des louanges que ce qu'on obtient des enfants au sujet des friandises :

« Papa, je ne te demande pas de bonbons, donne-m'en. »

J'ai donc renoncé à me louer à propos des *Guêpes* ; j'ai renoncé aussi à faire mon éloge direct, surtout en trouvant un moyen de le faire faire par d'autres.

Voici mon moyen :

« La nature, dit un philosophe, a créé deux sortes d'esprits excellents : les uns pour produire de belles pensées et de belles actions, et les autres pour les admirer. »

Or, j'ai à parler d'un des meilleurs et des plus illustres d'entre les premiers, et en exprimant très-naïvement ma pensée, j'arriverai naturellement à dire que Lamartine fait partie de cette première classe « d'esprits excellents, » de façon à faire conclure que j'appartiens à l'autre classe.

J'ai lu dans je ne sais plus quel vieux livre ou peut-être j'ai entendu raconter, une histoire dont voici à peu près le résumé :

Quelques amis voyagent et vont passer quelque temps au château de l'un d'entre eux. Il est midi ; il fait chaud, les chevaux sont médiocres, les côtes fréquentes et âpres. Pour « tuer le temps, » on raconte des histoires. L'un narre une histoire d'amour ; l'histoire n'est pas trop mauvaise, elle est attendrissante ; cependant, écoutée d'abord avec intérêt, elle laisse à la fin les auditeurs froids et indifférents.

Une femme, avec toutes sortes de réticences, raconte à son tour une médisance sur une de ses amies, et, tout en donnant à son récit le plus de vraisemblance qu'il lui est possible, elle nie quelques circonstances avec l'espoir de se faire accabler de preuves par les auditeurs. Mais il se trouve que c'est égal aux auditeurs ; un, même, s'endort dans un coin de la voiture. Au moment où elle dit : « Je ne croirai jamais cela de madame trois étoiles, » le maître du château prend à son tour la parole.

Il peint deux amants fugitifs qui vont chercher au loin un refuge contre la colère d'un jaloux. Ils s'égarent dans une forêt ; le temps est orageux, la chaleur accablante; ils sont fatigués, ils ont faim, ils ont soif ; ils savent mauvais gré aux buissons de ne leur présenter que des roses sauvages, des troënes et des chèvrefeuilles ; ils aimeraient mieux l'âpre prunelle des baies et la ronce aux fruits rouges et noirs. Tout à coup, sous des chênes séculaires, ils aperçoivent une petite maison où on leur offre une cordiale hospitalité. Sous un berceau de vigne vierge, sur des bancs de gazon, on leur sert un dîner rustique, un gigot dont le couteau fait ruisseler un jus rouge et sentant quelque peu l'ail, dans lequel se baignent des haricots farineux ; une salade de romaine, jaune comme de l'or, sur laquelle on a jeté des fleurs de capucines et de bourrache ; puis, du lit d'une source dont le ruisseau murmure entre les iris sauvages et sous du cresson et des wergiss-mein-nicht, on tire quelques bouteilles de vin presque glacé. Au dessert...

— « Mais voici les arbres de l'avenue, dit le narrateur en interrompant son récit, nous sommes chez moi. »

Cependant tout le monde prêtait à la nouvelle histoire une attention presque fiévreuse ; le personnage endormi s'était reveillé et écoutait. Joignant l'histoire qui l'avait endormi à celle qui le réveillait, et n'en faisant qu'une seule histoire, puisqu'il lui manquait le dénoûment de la première et le commencement de la seconde, il dit : — C'était donc avec M. X... que madame trois étoiles faisait ce dîner champêtre ?

Le maître du château ne répond pas. On est arrivé chez lui.

Après un séjour de dix minutes dans les appartements, on descend déjeuner. Tout le monde a un appétit dévorant. Au dessert, quelqu'un dit :

— « Ah ! mon cher ami, l'excellent déjeuner !

— » Et, dit un autre, la charmante histoire que vous nous avez racontée !

— » C'est-à-dire qu'elle n'est pas terminée, et qu'il nous faut la fin.

— » Oui, dit le dormeur, nous en étions au moment où madame trois étoiles soupe dans un cabinet particulier avec monsieur X.

— » Mon histoire n'a pas de fin, dit le maître du château. Je vous avais vus insensibles aux peines de l'amour et aux plaisirs de la médisance ; j'ai pensé qu'il fallait s'adresser à votre passion présente pour avoir des « auditeurs complices. » Je vous ai parlé de repos, de fraîcheur, de gigot aux haricots ; cela vous a intéressés, et en même temps a augmenté votre faim et votre soif; par suite de quoi, je vous ai donné une bonne histoire et un bon déjeuner. L'appétit a été le collaborateur de l'histoire comme il a été le cuisinier du déjeuner. Mon histoire finit là où elle a paru suspendue ; continuée, elle ne vaudrait plus rien, pas plus qu'un nouveau gigot qui paraîtrait en ce moment sur la table. »

Revenons à l'amour et à la médisance.

J'ai pensé souvent que les livres comme la musique, tirent beaucoup moins de charmes de ce qu'ils disent en réalité que des idées et des impressions qu'ils font naître dans l'esprit des auditeurs. Pendant que je vous raconte mon roman, j'excite dans votre mémoire le souvenir du vôtre ; entre les lignes imprimées du mien, vous relisez le vôtre, écrit en lignes invisibles. De même, pendant que le musicien vous chante sa chanson, il s'en chante de bien plus belles dans votre cœur, qui s'y réveillent comme des oiseaux dans les feuilles. La question est donc de parler aux gens de ce qui leur plaît, et de leur chanter les airs dont ils ont naturellement dans l'esprit et dans le cœur une partie qui produira l'harmonie.

Je pense donc ne pas me tromper dans mon intérêt et dans mon projet de faire adroitement mon éloge, pour la Saint-Jean, en établissant, au moyen de quelques brèves citations, que mon admiration et ma sympathie pour Lamartine n'ont jamais varié.

En 1840, par exemple, il n'était pas rare, le soir ou le lendemain du jour où Lamartine, alors député de Mâcon, avait illuminé la Chambre des splendides clartés de sa parole, il n'était pas rare de voir les hommes les plus médiocres se faire contre lui un avantage de leur infériorité, l'appeler poëte d'un air dédaigneux, comme si la saine politique ne se pouvait faire qu'en mauvais langage ; comme si les lois devaient être discutées, de même qu'elles sont trop souvent écrites, en patois ; comme si, pour sauver le Capitole, il fallait absolument la voix et le langage des oies.

Au mois d'avril 1840, Lamartine battit vigoureusement M. Barrot à la tribune ; or, en ce temps-là, M. Barrot avait fait alliance avec M. Thiers, et le *Constitutionnel* se chargea le lendemain matin de blâmer qu'un « poëte » se permît de se mêler de choses sérieuses, et le renvoya à sa lyre, à sa nacelle, à Elvire, etc. C'était la forme ordinaire de la critique vis-à-vis du grand homme qui avait commencé par être un grand poëte.

Je me vante fort de n'avoir jamais à cette époque négligé une occasion de m'attaquer à cette forme de critique de la façon que je trouvais la plus propre à la chagriner. Entre autres, je n'empêche personne de relire dans les *Guêpes* (édition de Lecou), troisième volume, page 166, une des passes qui eurent lieu à ce sujet.

En 1848, la conduite admirable de Lamartine fut telle qu'elle ne sera dignement racontée que par un poëte comme lui.

« C'est ordinairement pendant les basses eaux qu'on construit les digues, écrivais-je en mars 1848. Il a fallu cependant en donner cette fois à un torrent subitement accru. Heureusement qu'il s'est alors élevé un homme qui a passé la moitié de sa vie à écrire des choses dignes d'être lues, et qui a commencé à faire des choses dignes d'être écrites. Grande et belle existence que Byron n'a pu que rêver. » (Tome IV, page 347.)

Je n'étais alors que l'écho de l'enthousiasme universel et de la reconnaissance de tout le monde ; mais trois mois après, Lamartine avait fait magnifiquement trente-trois millions d'ingrats. A la bonne heure ! l'ingratitude s'était élevée à la hauteur du bienfait ; elle était immense comme lui. A l'enthousiasme si légitime pour Lamartine, succédait l'enthousiasme très-légitime aussi pour Cavaignac. Mais je devais déjà donner cet avertissement (tome IV, page 404) : « Il semble qu'on ne puisse faire en France une statue qu'avec les débris d'une autre statue ; c'est avec les tessons de la statue de Lamartine que l'on élève la statue du général Cavaignac. Pour Dieu ! prenez donc un bloc de marbre neuf ! Le général Cavaignac vous a sauvés en juin, mais Lamartine vous a sauvés en février. Êtes-vous si avares d'admiration, avez-vous le cœur si étroit, que vous ne puissiez conserver deux reconnaissances à la fois ? »

Lamartine, dont la grande âme ne connaît pas la haine, se vengea, cette fois, cruellement. Il fit cette insulte immense à son pays ingrat, de prouver par des chiffres qu'il n'avait pas volé le pays qu'il avait sauvé.

Le fait est qu'il s'était parfaitement ruiné aux affaires, et que, pour payer ses dettes, il se livra à une vie de travaux opiniâtres, incessants, sans trêve, ni relâche.

Eh bien ! beaucoup de gens ne comprirent pas ce qu'il y avait de grand dans ce retour à la plume, et je dus faire remarquer, le plus publiquement qu'il me fut possible, que la conduite de Lamartine, dans cette circonstance, était absolument celle — que nous avons tant admirée dans notre jeunesse, — des consuls romains qui, après leur triomphe, retournaient à la charrue.

Il y a cependant une différence : c'est que nous devons encore le triomphe à Lamartine.

En France, ai-je dit quelque part, on ne sait pas mépriser.

Il faut ajouter qu'on n'y sait pas admirer non plus.

Quand on paraît admirer quelqu'un, soyez sûr que c'est une forme hypocrite de dénigrement contre un autre.

Je finirai ce chapitre par mon éloge comme j'en ai avoué l'intention en le commençant.

Je ne mérite pas, comme il arrive souvent aux moralistes, le reproche que je fais aux autres. J'admire de grand cœur, et je méprise de grand fiel.

Enfin, je dirai ici, pour ma fête, que Lamartine m'a fait plus d'une fois l'honneur de m'appeler son ami.

J'ai reçu une lettre d'un lecteur, qui m'accuse d'inventer des citations, parce que parfois je donne la traduction sans donner le texte des passages que je cite. D'autre part, j'ai reçu des lettres de personnes qui me reprochent le quelque peu de latin et de grec qui m'échappe quelquefois, m'appellent pédant, et me font souvenir que je parle à au moins autant de femmes que d'hommes.

Je réponds en peu de mots :

« Si je voulais faire de fausses citations, j'aurais, au contraire, le soin de fabriquer et de citer le texte. Le mensonge doit être vraisemblable. La vérité seule se permet sans inconvénient l'invraisemblance. Nous le savons bien, nous autres faiseurs de romans, qui sommes si souvent obligés de repousser des faits vrais qui n'ont pas assez de vraisemblance pour la fiction.

» Il en est de la vraisemblance comme des passe-ports ; il n'y a qu'un honnête homme qui oublie son passe-port ou néglige d'en avoir un en règle. Les coquins n'ont pas de semblables distractions, et ont toujours les poches bourrées de papiers inattaquables. »

Je croyais cependant mériter des éloges pour ce qui est des citations.

D'abord, circonstances atténuantes, ces choses-là sont les seules que je sache ; et, après les avoir apprises, je les ai enseignées dans un collége. C'est involontaire et presque de naissance. Ensuite, je mets d'ordinaire la traduction avant le texte, pour ne pas même donner aux femmes qui me font l'honneur de me lire, le petit mouvement d'impatience que leur causeraient légitimement une attente et une incertitude de trois lignes.

La dernière querelle de ce genre m'a été faite à propos d'un passage de Cicéron. En citant de mémoire, je disais :

« Il ne s'est jamais manifesté de folie assez grande pour qu'il ne se soit trouvé un sage pour la professer. »

Ah ! vous voulez du latin !

Voici la vraie phrase de Cicéron, qu'il paraît que je dois :

« *Nescio quomodo nihil tam absurdè dici potest,* » *quod non dicatur ab aliquo philosopho.* »

Et voici par-dessus le marché une phrase de Varron qui dit précisément la même chose.

« Je défie un malade d'inventer en rêvant quelque chose d'assez monstrueux pour qu'il n'y ait pas quelque part quelque philosophe prêt à le soutenir. »

« *Postremo nemo ægrotus quisquam somniat tàm infandum quod non aliquis dicat philosophus.* »

En avez-vous assez?... Si vous n'en avez pas assez, il ne faut pas vous gêner.

Je parie maintenant qu'il se trouvera quelqu'un pour taxer de vanité le soin que je prends d'établir que je me suis servi de la pensée d'autrui, et de me défendre d'avoir pensé moi-même;

Enfin, pour me prouver que je fais partie de

> Ces esprits arlequins faits de choses apprises,
> Aux sottises d'autrui cousant mal leurs sottises ;
> Esprits goinfres, grossiers, indigérés et lourds,
> Qui, ne pensant jamais, se souviennent toujours.

Voici encore un des dialogues de Lucien que j'ai retrouvés chez le confiseur Romanengo, de Gênes :

GOBILLARDÈS ET HERCULE. (*Gobillardès kai Eracleous.*)

GOBILLARDÈS.

Je ne t'aurais pas reconnu !

HERCULE.

Suis-je donc plus changé que toi?

GOBILLARDÈS.

Si tu es changé! Par Jupiter! qui reconnaîtrait le jeune homme maigre que j'ai eu souvent l'honneur de voir à nos tables, dans le célèbre destructeur de monstres (mot à mot : allant purger le monde) qui occupe aujourd'hui toutes les trompettes de la renommée?

HERCULE.

C'est que tu as partagé l'aveuglement général et l'infirmité humaine, ô Gobillardès! Trop de familiarité engendre le mépris. Dans sa famille, au milieu de ses amis, dans sa patrie, le grand homme n'est jamais accepté et reconnu que lorsque sa renommée vient du dehors forcer les frontières du pays et frapper bruyamment aux portes de la maison. Pendant longtemps, vous m'avez eu au milieu de vous sans me connaître; vous regardiez sans les voir les préludes à mes actes héroïques (*tôn bebiomenôn*); vous avez ri plus d'une fois de choses sérieuses au fond. Je n'ai pas changé, c'est vous autres qui avez fini par voir clair.

GOBILLARDÈS.

Je n'ai cependant pas oublié ta petite vie, ô Hercule (*epilantanestai*). Que diable pouvait-il y avoir d'héroïque dans les longs soupers que tu me faisais l'honneur de faire sur le marbre de mes tables !

(Ce mot de marbre jette du jour sur le personnage de Gobillardès, au sujet duquel se sont trompés beaucoup de commentateurs : les uns ont voulu voir dans Gobillardès, Eurysthée, d'autres un roi d'Épire. Non. Gobillardès était un célèbre restaurateur, qui, par la bonté de son caractère et l'aménité de ses mœurs, s'était trouvé placé sur un pied de familiarité amicale avec ses hôtes. Il demeurait en face d'un temple très-fréquenté par les Grecs. Ce temple était consacré à Mercure, Dieu du trafic et du vol.)

HERCULE.

Te rappelles-tu, ô Gobillardès, ce que je mangeais le plus souvent?

GOBILLARDÈS.

Non, Caron (mot à mot : le batelier-porthmeus) a refusé de transporter mes livres de comptes; il a prétendu que cela inquiéterait quelques ombres...

HERCULE.

Je vais te le rappeler, si tu veux (*ei dokei*). Voici une de mes cartes (*additions*) :

« Soupe grasse, faite de la culotte d'un des bœufs de Géryon aux trois corps ;

» Beefsteak du taureau de Crète ;

» Moelle du lion de Némée aux fines herbes ;

» Hydre de Lerne à la tartare ;

» Brochette d'oiseaux du lac Stymphale, bardés du lard du sanglier d'Érymanthe ;

» Filets de la biche aux pieds d'airain sautés ;

» Dessert : Pommes d'or du jardin des Hespérides. »

C'est ainsi que le centaure Chiron nourrissait le premier Hercule de la moelle des lions, comme il a nourri depuis Achille aux pieds légers (*podas okùs*).

GOBILLARDÈS.

Qu'entends-tu par l'ancien Hercule ?

HERCULE.

Je te croyais plus lettré. On a mis sur le compte d'un seul et même Alcide les hauts faits (*ta pepragmena*) de plusieurs. Diodore compte trois Hercule, Cicéron en compte six, Varron prétend qu'il y en a eu quarante-quatre.

GOBILLARDÈS.

Très-bien (*eu legeïs*). Mais je ne savais pas que Véron s'occupât de ces choses-là.

HERCULE.

Je te dis Varron. Écoute, s'il te plaît (*akousa eî dokei*), et tu vas voir que je n'ai pas fait autre chose que de marcher sur les traces du grand modèle avec lequel j'espère un jour être confondu à jamais dans la mémoire des mortels (*athanatos anthrôpôn mnemosunè* ; mot à mot : immortel dans la mémoire).

GOBILLARDÈS.

(*Akouô*) J'écoute.

HERCULE.

Voici d'où viennent ton peu de clairvoyance et le peu d'intelligence de nos contemporains, gâtés par les thèmes. Vous voyez Hercule couvert de la peau du lion de Némée et armé d'une massue, comme Achille du casque, de l'aigrette rouge, de tout l'affublement inventé par les acteurs tragiques.

Si Hercule et Achille vivaient de nos jours, Hercule aurait un habit noir, une canne plombée et un revolver ; Achille, un habit bleu, un pantalon garance ; Achille ne recommencerait pas le siége de Troie ; à Sébastopol il serait colonel des zouaves et ne chercherait pas Hector qui n'existe plus. De même, Hercule ne s'occuperait pas de purger le monde de monstres ayant cessé d'être. Il ne ferait pas comme les médecins, si forts contre la lèpre disparue, et si impuissants contre le rhume de cerveau et les cors aux pieds.

Hercule attaquerait l'hydre de l'anarchie. C'est au temple grec, en face de ton café, qu'il s'efforcerait d'obtenir des pommes d'or métaphoriques, c'est-à-dire des actions au porteur. Les écuries d'Augias qu'il aurait à nettoyer, ce seraient les esprits infectés des idées d'indépendance et de liberté ; en un mot, il ferait ce que j'ai fait, comme j'aurais fait ce qu'il a fait si j'avais vécu de son temps.

Ainsi, quels sont mes actes au commencement de ma carrière ? Le soir, après quelques libations au divin Bacchus (*Dionusio*), j'allais attaquer des monstres devant qui tremblent tous les citoyens ; — Paris n'a pas perdu le souvenir de ma campagne contre les portiers. Je les ai vaincus et humiliés. — Ensuite, lorsque le gouvernement de Philippe... de Macédoine m'appela à des fonctions départementales dans le Peloponèse, etc., etc., je m'informai des fléaux qui pouvaient affliger la province confiée à ma sollicitude.

— « Avez-vous des lions ? demandai-je à un con-
» seiller municipal.

— » Qu'est-ce qu'un lion ? me répondit-il.

— » C'est, repris-je, quelque chose comme votre
» caniche s'il était plus gros et s'il était teint en jaune.

— » Nous n'en avons pas.

— » Avez-vous des hydres?

— » Le journal disait l'autre jour que nous avions
» l'hydre de l'anarchie. Il paraît que c'est égale-
» ment une sorte de caniche, car on conseillait de
» la museler aux approches du mois de juillet.

— » Vous n'avez pas d'autre hydre?

— » Pas que je sache.

— » Avez-vous des étables à nettoyer?

— » Chacun nettoie la sienne pour qu'on ne lui
» vole pas son fumier.

— » Très-bien (*beltistos*).

— » Avez-vous des oiseaux du lac Stymphale?

— » Nous n'avons pas de lac, et la chasse est
» fermée.

— » Désirez-vous que j'aille chercher Cerbère?

— » N'est-ce pas encore un chien?

— » Oui.

— » Merci, nous en avons assez!

— » Enfin, avez-vous des monstres dont je puisse
» purger le département?

— » Des monstres?... Il y a l'adjoint, que sa
» femme appelait monstre avant-hier, mais elle
» était en colère... Ah! parbleu! oui, nous en avons
» des monstres; je me ravise à temps. Nous avons
» les hannetons qui nous dévorent. »

— Je pense qu'on n'a pas oublié, en France, ma guerre contre les hannetons.

GOBILLARDÈS.

Non, certes (*nê ton Aïdonea*, mot à mot : par Pluton). Je n'ai pas oublié non plus les bonnes charges que l'on fit ensuite à ce sujet. Daumier t'avait si bien attrapé ! La France en a ri tout entière.

HERCULE.

La France a ri sottement de choses sottes ; la plus sotte est le rire à contre-sens : *nulla res risu inepto ineptior*. Pendant que les sots riaient, les sages du gouvernement d'alors me confiaient des fonctions plus importantes. J'allais mettre à exécution un projet longtemps mûri contre les puces, lorsqu'une révolution renversa mes patrons ; je les accompagnai fidèlement dans leur chute.

GOBILLARDÈS.

Te rappelles-tu, ô Hercule ! ce gros homme dont nous n'avons jamais su le nom et qui déjeunait et soupait toujours sur le guéridon auprès de la fenêtre ? Un jour il ne vint pas déjeuner le matin, mais le soir il fut exact pour le souper. Il augmenta son ordinaire d'un perdreau truffé et d'une bouteille de champagne-Moët.

Quelque autre habitué lui dit : — Vous n'êtes pas venu ce matin ?

— Non, dit-il, j'avais eu dans la nuit le malheur de perdre ma femme ; je l'aimais fort tendrement, c'était le modèle de toutes les vertus. Mais, bah ! ajouta-t-il en mâchant une truffe et en remplissant son verre, on ne peut pas toujours pleurer.

HERCULE.

Que prétends-tu dire avec ta sotte histoire ?

GOBILLARDÈS.

Rien, sinon que la fidélité politique qui t'entraîna dans la chute de tes patrons, ressemble un peu à la fidélité conjugale de ce gros homme.

HERCULE.

Un citoyen se doit au service de la patrie. D'ailleurs, de nouveaux dangers se présentaient, de nouveaux monstres à combattre faisaient entendre leurs sinistres mugissements ; la Grèce était en danger. Je me levai et mis à néant (*diatemno*, je coupe en deux) le spectre rouge, c'est-à-dire l'hydre à vingt têtes du pillage, de l'incendie, du massacre, etc., etc.

Eh bien ! les Grecs n'ont pas compris ; c'est pourquoi, aujourd'hui, je me livre à quelques travaux bien inférieurs, bien plus vulgaires, mais au moyen desquels j'obtiendrai une paresseuse admiration, qu'ils ont refusée à des travaux plus nobles et plus utiles. — Mais toi, Gobillardès, comment te trouves-tu ici ? car je ne suis pas, que je sache, descendu encore sur les bords du Styx, et je n'espérais pas jusqu'à ce moment-là avoir le plaisir de te serrer la main, ô mon maître (*didascalos*) !

GOBILLARDÈS.

Lorsque j'y descendis, je ne pus pas payer au nocher (*porthmeus*) le prix du passage, et Pluton m'a permis (*exon emoi*) de revenir rappeler ici quelques notes oubliées à mes anciens hôtes, en les tirant la nuit par les pieds.

HERCULE.

Moi, j'ai fait une annonce que je vais porter aux

journaux : « Un héros encore jeune, pouvant disposer de quelques heures dans la journée, demande des monstres à dompter. S'adresser à M. R..., à Paris, rue... n°... (Le soir, il y a un lampion à la porte.) » Dis-moi, mon bon (*agathos*), veux-tu dîner avec moi ?

GOBILLARDÈS.

Impossible (*nun adunaton*) ! par Jupiter (*nê dia*) ! est-ce qu'on mange à Paris depuis mon départ ? On se nourrit tout au plus.

D'ailleurs une ombre ne peut manger que des ombres.

Pluton (*Aïdoneus*) dont j'ai réformé la cuisine, — le malheureux en était encore à Vatel, — me permet de revoir les ombres de tous les dîners que j'ai faits autrefois. J'ai mangé ce matin avant de partir l'ombre d'un certain pâté de thon, — te rappelles-tu ?

— que nous mangeâmes le jour que tu fus proclamé l'homme le plus gai d'Athènes. L'ombre de ma langue en caresse encore l'ombre de mes lèvres.

— Adieu, je vois passer ***, je veux savoir où lui tirer les pieds ce soir.

Gannal, qui m'a fait, il y a quelques années, la

promesse écrite de m'empailler si je mourais avant lui, malgré certaines excentricités, a rendu de réels services. C'est lui, entre autres, qui a établi que la gélatine tant préconisée pour la nourriture des malades, nourrissait un peu moins que l'eau claire, ce qui n'empêcha pas pendant longtemps d'en donner dans certains hôpitaux, tandis qu'elle était proscrite dans certains autres.

Il avait réussi, d'autre part, à faire un excellent pain de pommes de terres, qu'on pouvait donner à très-bon marché. Malheureusement, il n'était arrivé au but de ses recherches qu'au moment où la pomme de terre tombait malade.

Il s'est occupé également d'embaumer les viandes. Par son procédé, on pouvait léguer un beef-teack à ses descendants. Si les pharaons avaient connu ce procédé, eux qui connaissaient l'embaumement, on aurait découvert dans les Pyramides des civets de chats et des ibis rôtis, que nos soldats auraient trouvés excellents lors de l'expédition d'Egypte.

Or donc, voici que la chimie vient de trouver un procédé pour conserver indéfiniment la viande fraîche.

Malheureusement, il arrive un peu sous ce rapport ce qui arriva à Gannal pour le pain de pommes de terre. C'est au moment où nous n'avons pas assez de viande, que nous trouvons le moyen d'en garder. Nous espérons que cet état de choses n'est que momentané, mais aujourd'hui on voudrait en avoir conservé. En tous cas on n'abusera pas jusqu'à nouvel ordre de ce moyen.

Cela me rappelle un fonctionnaire de la Restauration qui avait fait afficher sur les murs de Paris un procédé pour détruire la misère. Il s'adressait aux pauvres et leur disait : « Indigents, voulez-vous assurer la tranquillité de votre vieillesse ? mettez à la caisse d'épargne ; » ce qui n'aurait été raisonnable que s'il avait parlé non pas aux pauvres, mais aux mendiants, ces parasites et ces ennemis des pauvres, jusqu'à ce qu'on ait *canalisé la charité*, question que je reprendrai un de ces jours.

Beaucoup de gens changent de ce temps-ci le nom honnête d'une famille respectable contre un nom de leur invention qui leur paraît plus sonore.

Il existe en Belgique un homme qui, par un très-noble orgueil, a échappé à cette vanité en sens contraire. Il est dangereux d'appeler Rose, Blanche ou Flore, des filles auxquelles l'avenir réserve peut-être d'être jaunes, noires ou fanées.

Il n'est pas très-prudent d'appeler Hortensius un garçon dont on veut faire un avocat, comme nous en avons vu un exemple aux assemblées législatives de notre temps. Le prénom de Philibert a fort gêné un homme d'État qui, sous Louis-Philippe, s'est cru condamné, par ce prénom, à des austérités fatigantes.

M. Jobard (de Bruxelles) aurait pu désirer changer de nom.

Il a mieux aimé rendre son nom absurde que de le quitter.

On le voit toujours au premier rang entre les fauteurs des progrès réels, sérieux et utiles.

Je le louerai aujourd'hui, cependant avec modération, parce que la raison que j'ai de trouver qu'il a raison est qu'il est parfaitement de mon avis sur une question dont je m'occupe depuis quinze ans.

M. Jobard, pour sortir des ambages, des longueurs et des difficultés factices des lois sur l'invention, propose une loi ainsi conçue :

« Toute personne qui voudra s'assurer la propriété
» de sa découverte n'aura qu'à la faire insérer au

» *Moniteur* (ou dans un journal quelconque), dont
» un simple numéro lui servira de titre légal.

» Tous les articles des codes, lois et règlements
» qui régissent la propriété ordinaire sont appli-
» cables à la propriété nouvelle. »

C'est ce que je demande depuis si longtemps pour la propriété littéraire. Ma loi est plus courte que celle de M. Jobard, elle n'a qu'un article :

« La propriété littéraire est une propriété. »

Elle a été une fois présentée à la Chambre des députés. On a ri ; j'ai ri des rieurs.

Il faut dire que j'avais lu avant de m'endormir quelques-uns des contes de Lucien que j'ai trouvés à Gênes.

Je rêvais que j'étais dans l'Olympe, — dans l'Olympe des Grecs et des Latins, — dans le ciel des thèmes et des versions. On faisait les préparatifs d'un grand festin, — auquel Jupiter avait convoqué tous les dieux. — L'ambroisie, seule nourriture des gens d'en-haut, avait revêtu des formes diverses, et, je l'espère, pour lesdits immortels, des goûts variés, sans quoi cette seule, unique et immortelle nourriture serait un piètre régal. — Je vis de l'ambroisie en forme de saumons, et sous la figure de faisans et de perdreaux.

Pour le nectar également, ce n'était pas cette éternelle boisson que les peintres nous montrent versée d'une cruche d'or par Hébé et par Ganymède, avec une attitude forcée et maniérée.

J'avouerai que ces cruches non fermées m'ont toujours semblé devoir ne contenir qu'un liquide insipide et éventé, qui rappelait, avec les thèmes et les versions, le broc à *l'abondance* du collége.

Non, non, le nectar était dans des fioles bien bouchées, — c'était du vieux nectar. Arachné avait, autour de quelques fioles, tissé de ses fines toiles; — Vulcain avait, dans ses forges de Lemnos, fait à certains bouchons une armature de fer qui trahissait l'impétuosité du nectar tenu dans cette prison, — *carcere duro ;* — c'était évidemment du nectar mousseux.

Bientôt je vis arriver les dieux un à un, — ou plusieurs à la fois, — selon qu'ils étaient, pour le moment, bien ou mal ensemble.

Les dieux ne sont pas ce que pense le vulgaire ; — il n'y a pas qu'une seule et même Vénus, — ce qui serait pire encore que l'ambroisie ou le pâté d'anguille ; — la beauté a des formes diverses, —

toutes les formes qu'ont rêvées et traduites avec la plume, avec le pinceau, avec le ciseau, les divers poëtes appelés écrivains, peintres ou sculpteurs, — lorsqu'elles ont été sanctifiées par l'admiration des uns et par la prière des autres, toutes ces formes montent dans l'Olympe. La Vénus de Milo, l'Hélène d'Homère, la Didon de Virgile, la Sapho de Pradier, l'Esméralda d'Hugo, quelques femmes de Raphaël et cinq ou six femmes de Balzac, sont des déesses là-haut.

Comme le vieil Horace de Corneille, le Jupiter de Phidias, le Misanthrope de Molière et quelques belles figures de Rubens sont des dieux. Le génie les crée, l'admiration et la prière les sacrent.

Quelques-uns même ne sont devenus dieux que par la prière et la foi des mortels.

Lorsqu'il s'agit de passer dans la partie de l'Olympe où les tables étaient dressées, dans *le ciel à manger*, si j'ose m'exprimer ainsi, ceux d'entre les dieux qui avaient l'habitude d'être comptés pour les premiers s'attendaient à voir, comme de coutume, Junon prendre le bras de l'un d'eux. — Celui-ci lui décochait un regard tendre, celui-là prenait un air distrait et indifférent. — Mais Junon passa devant tous et alla prendre le bras d'Anubis, le dieu à tête de chien des enfants de l'Égypte. — Seul, ce *dieu-caniche* ne parut pas surpris d'un tel honneur, et sembla penser que Junon ne faisait que son devoir, et qu'elle se serait lourdement trompée en agissant autrement. — A la stupéfaction qui saisit les dieux négligés, il se mêla bientôt un léger murmure.

Cependant on se dirigea vers les tables. — Chaque dieu chercha parmi les cartes posées sur les assiettes où se trouvait son nom. — Quelques-uns firent semblant de chercher leur nom au bas bout de la table et aux places les moins honorables ; — d'autres, accoutumés aux distinctions, allèrent tout droit aux places d'honneur. — Mais Mercure demanda la parole, et dit : « Immortels de tout sexe, de tous métaux, de toutes pierres, de tous bois, — dieux de marbre, de bronze, d'or ou de papier, avant de vous asseoir à vos places, daignez m'écouter. Mon discours ne sera que l'expression de la pensée et de la volonté de Jupiter, — notre père et notre maître à tous.

» Très-longtemps vous avez été classés dans l'Olympe d'après votre beauté, d'après les perfections de vos formes — ou les grâces majestueuses de vos visages. — Cette classification présentait des difficultés : — peu d'immortels acceptaient le jugement porté. — Je ne rappellerai pas les contestations qui ont parfois troublé l'Olympe, — je ne redirai pas le scandale du jugement de Jupiter porté en appel devant un berger.

» Il était dur de dire à telle déesse : Vous êtes moins belle que votre voisine.

» Difficile de faire entendre à un Apollon : Vous avez moins de mérite que tel autre Apollon.

» Jupiter a pris le parti de changer la classification des dieux, et conséquemment la préséance et les honneurs.

» On appelait des jugements du goût, on discutait les mérites et la beauté. — On ne pourra pas discuter la base nouvelle qui est et qui sera établie désormais.

» Les rangs seront assignés par la richesse, — on ne tiendra plus compte du mérite et de la beauté. Vous avez eu la première application de la loi moderne, lorsque notre souveraine, notre fière Junon, qui représente à la fois plusieurs puissances, la royauté, la beauté et l'orgueil, a choisi entre les dieux, pour la conduire à table, ce hideux et ridicule Anubis à tête de chien. — Mais c'est qu'Anubis est d'or massif, d'or pur, d'or à je ne sais combien de carats. — L'artiste ou l'ouvrier qui a fait Anubis ne s'est pas amusé à polir, à idéaliser ses formes, — il s'est occupé de la pureté du métal et du poids de son dieu. — De tous les dieux qui sont ici, Anubis est, sans contestation possible, celui sur lequel on prêterait la plus forte somme au Mont-de-Piété. »

Un dieu de pierre, un Neptune de marbre, ouvrage d'Alcamène, chef-d'œuvre longtemps admiré, sortit de la foule et dit : « Eh quoi! passerai-je après ce dieu-bloc, ce dieu-lingot, — moi, le chef-d'œuvre d'un grand artiste, moi dont la beauté a inspiré si longtemps aux peuples du respect et de l'admiration pour la Divinité? » — Parfaitement, mon cher, répondit Mercure ; Alcamène ne t'a fait que de marbre, — tandis qu'Anubis est d'or pur. — Pour reconnaître la noblesse, la perfection de tes formes, il faut des connaisseurs, et encore ne sont-ils pas d'accord entre eux ; tandis qu'ici, — c'est bien différent, — Anubis est contrôlé par la Monnaie, — il ne peut y avoir deux opinions. Il faut donc qu'il passe le premier. De même que toi, qui es de marbre, tu passeras avant les dieux de pierre et de bois. — Mais aussi, de même qu'Anubis, prendront place avant toi et cet Apis d'argent..... Mais voici une

Isis, une bonne déesse également d'argent ; — ce sera, entre ces deux divinités, la plus lourde, la plus massive qui aura la préséance. »

Une Vénus prit la parole à son tour, et dit d'une voix mélodieuse : « Je conserverai donc une des premières places, car un de mes pères, le vieil Homère, m'appelle quelquefois dorée.

— » Ma mie, répondit Mercure, ces gens-là manient si peu d'or, que ce sont de piètres essayeurs, et que leur poinçon ne suffit pas pour donner cours à un métal ; — *dorée* est une mièvrerie, une épithète caressante qu'Homère le besacier aura imaginée un soir qu'il n'avait pas dîné ; — il n'y a rien de pire qu'un estomac à jeun pour faire faire des rêves magnifiques.

» Mais ton autre père, ô Vénus ! ton père Praxitèle, dont tu es le chef-d'œuvre, ne t'a faite que de marbre de Paros : — contentez-vous donc de votre place, ô Vénus ! — laissez passer devant vous ce dieu Terme ; il est informe, il est vrai ; l'artiste médiocre qui l'a ébauché n'a pas pris la peine de le terminer ; mais il est en bronze, le bronze vaut et vaudra toujours trois francs la livre, et, à la rigueur, on peut toujours, si ce dieu ne trouvait plus de fidèles, le convertir en chaudrons ou en casseroles.

» Mais aussi, Vénus, vous passerez avant les dieux de bois, fussent-ils sculptés dans du poirier par Alcimédon, leur mérite ne pouvant s'apprécier qu'au stère ; — mais eux-mêmes ont le pas sur les divinités de papier. — Tenez, voici la Chimène de Corneille, — eh bien! elle sera désormais au bas bout de la table avec ses pareilles, — car du papier, ça ne peut servir, après avoir passé par la hotte du chiffonnier, qu'à faire d'autre papier qui, lorsqu'il est bien blanc et non gâté, noirci, taché par des vers ou de la prose, ne se peut vendre qu'une vingtaine de francs la rame. »

(Entrent Apollon et Irminsul ; — ces dieux se disputent le pas et se coudoient.)

APOLLON.

Eh quoi! souffriras-tu, ô Mercure! puisque, — chose étrange, — c'est toi, dieu des voleurs, qui es d'ici-haut le maître des cérémonies, puisque c'est toi qui fixes entre nous les rangs et les préséances, souffriras-tu que ce rustique Gaulois, taillé à coups de serpe dans un tronc d'arbre, passe avant un des meilleurs ouvrages de Phidias?

MERCURE.

— Oui, certes, je le souffrirai, fils de Latone et de ce Phidias ; — et bien plus, je t'engage à parler avec modération de tes supérieurs. — Irminsul passera avant toi, c'est la loi ; — Irminsul n'est qu'un tronc d'arbre, c'est vrai, — un tronc d'arbre taché de sang humain ; — mais on a accroché après lui tant d'anneaux d'or des chevaliers romains tués par les Gaulois, — que sa valeur en est devenue incontestable, — et, non-seulement tu passeras après Irminsul, mais encore après cet autre Apollon à la lyre duquel l'artiste a mis des cordes d'or.

APOLLON.

— C'est bête et de mauvais goût, les cordes d'or ne résonnent pas mieux que les autres, au contraire.

MERCURE.

— Je te l'ai déjà dit, — Apollon, — il ne s'agit plus aujourd'hui de vos inutiles chansons ; — dis-moi en quoi tu es, et ce que tu pèses, — dans le cas où tu serais d'une matière qui vaudrait la peine d'être pesée. — Cependant, pour vous habituer par degrés au nouvel ordre de choses, nous avons décidé qu'à métal, c'est-à-dire qu'à mérite égal, ce seront encore la beauté et le mérite qui auront la préséance; — cela restera établi entre vous autres, parmi vos pareils. Dieux de marbre, de toile et de papier, on vous laissera vous amuser à crier et à établir de puériles distinctions que vous seuls connaîtrez; — mais vous ne vous aviserez pas d'attaquer, même en paroles, la suprématie révérée des dieux poinçonnés et contrôlés.

A ce moment, il s'éleva un grand tumulte dans l'Olympe, — tumulte si grand que je me réveillai.

Vraiment, me dis-je, ces dieux d'Homère, ces dieux d'Apelles et de Praxitèle, ont un bien mauvais caractère. — Voyez, nous, nous sommes gentils et faciles à vivre, nous autres, les hommes; est-ce que nous n'avons pas laissé tranquillement établir cette loi nouvelle? est-ce que quelqu'un se permet la moindre critique à ce sujet? Allons donc, voilà dans l'Olympe bien du vacarme; — qu'ils prennent donc exemple sur nous.

II

CASTOR ET POLLUX

J'appellerai Castor et Pollux les deux héros de l'histoire d'hier que je vais vous raconter aujourd'hui. Les détails de ce récit expliqueront et justifieront l'emploi de ces noms. Je sais les noms véritables, mais l'histoire est trop vraie pour que je puisse employer même des initiales.

Deux jeunes gens ont depuis longtemps un domicile commun ; tous deux sont peintres et travaillent dans le même atelier. Le soir, un meuble qui toute la journée a joué le rôle de divan s'entr'ouvre et laisse voir le lit de Pollux qu'il récèle en ses flancs. Castor va dans le monde et fait des tableaux de chevalet.

Pollux vit avec des camarades, se promène et étudie les maîtres dans les musées.

On demanda un jour à Castor des nouvelles de Pollux. A ce moment, Castor s'aperçut qu'il n'en avait pas et qu'il n'avait pas vu son compagnon depuis un mois, si ce n'est un instant, par hasard, de loin en loin. Le soir, il l'attendit.

— Ah ça ! lui dit-il, comment se fait-il que nous ne nous voyions plus ?

— J'allais profiter du hasard qui nous rassemble pour te faire la même question.

— Ce n'est pas un hasard ; je t'attendais.

— Eh bien ! voilà la raison, mon ami.

Et Pollux raconta comment il avait rencontré dans le monde une femme ravissante, un ange, etc., et comment il en était arrivé à passer une partie de ses soirées avec elle et à rester si tard, que cela ne valait pas la peine de rentrer.

— Mais, dit-il, la belle n'est pas libre, et ce n'est guère que tous les deux jours que je puis la voir. Cette histoire explique que nous ne nous voyions pas pendant la moitié de la semaine. Mais tu as sans doute de ton côté une autre histoire qui dise pourquoi les soirs où je rentre je ne te rencontre jamais. Est-ce que tu ne demeures plus ici ?

— Oh! moi, je me promène, j'aime beaucoup à me promener la nuit. Et puis je joue aux dominos avec des amis. Ma foi, quand il est trop tard, je fais chez eux comme tu fais ici, je me contente d'un divan.

— Tous les deux jours?

— C'est-à-dire que tu ne t'en aperçois que tous les deux jours.

— C'est vrai. Tu ne sors pas aujourd'hui?

— Non. Et toi?

— Moi non plus; on m'a congédié pour quelques jours.

— Moi, j'ai à travailler; je veux me lever de bonne heure, et je suspends momentanément les parties de dominos.

— Sais-tu l'effet que tu produis sur moi?

— Quel effet?

— Celui d'un hypocrite, plus heureux que tu ne veux l'avouer. Je crois que, comme Castor et Pollux, nous passons alternativement un jour au ciel et un jour sur la terre; c'est pourquoi nous ne nous rencontrons plus. Je ne me figure pas un ciel où on joue aux dominos.

— C'est que tu oublies qu'en jouant aux dominos on fume et on boit de la bière.

— Tant mieux ! pourvu que tu aies ton ciel, je suis content.

Au bout de quelques jours, Castor disparut le soir et ne rentra que le lendemain. Le lendemain, ce fut le tour de Pollux. Pollux rentra le matin de meilleure heure qu'à l'ordinaire. Il s'était aperçu à l'aube que, par un étrange quiproquo, il avait endossé la veille le paletot de Castor au lieu du sien, et il voulait le remettre en place avant le réveil du légitime propriétaire.

Une circonstance singulière l'avait empêché de reconnaître plus tôt la substitution : la veille au soir, comme il était arrivé devant une petite porte d'une certaine petite maison, au coin d'une petite rue déserte, sa main avait machinalement cherché la clef de cette porte qu'il savait avoir dans sa poche. La main deux ou trois fois avait glissé sur le paletot sans réussir à entrer dans une poche dont elle croyait cependant bien savoir le chemin. Enfin il trouva la poche, et dans cette poche une clef qu'il présenta à la serrure : elle s'y adapta et ouvrit la porte. Il remit la clef dans la poche et entra dans la maison. Le lendemain matin, au premier étonnement que lui causa l'aspect du paletot de Castor succéda un étonnement plus grand, en se rappelant qu'il avait trouvé sa clef à lui dans la poche de ce paletot. Il regarda la clef, c'était bien la sienne ; il rentra en toute hâte pour éclaircir ce point. Castor dormait encore ; Pollux fit l'échange des paletots ; mais, cette fois, quelle fut sa surprise quand il voulut remettre dans sa vraie poche la clef qu'il avait trouvée dans la poche de son ami, de l'entendre, en tombant au fond de la poche, produire un son de ferraille ; elle était tombée sur une autre clef ; il les regarda toutes deux : elles étaient exactement semblables.

— Cette clef, dit-il, appartient à Castor ; je m'explique qu'elle soit dans son paletot. Je suis sûr que le mari de ma belle, lorsqu'il est parti pour son bienheureux voyage, a fermé sa caisse avec une meilleure serrure que celle dont il se contente pour enfermer sa femme, serrure de pacotille que toutes les clefs peuvent ouvrir. Il est inutile de dire à Castor quelle serrure ouvre sa clef.

Quelques jours se passèrent. Un soir, comme Castor s'était fort paré et allait sortir, Pollux, qui avait été toute la journée d'une très-mauvaise humeur, lui dit :

— Tu te fais bien beau, et il est bien tard pour aller jouer aux dominos.

— C'est qu'il y aura du monde. Tu ne sors pas ?

— Si vraiment, je n'ai pas sommeil... Cependant... oui... je vais me coucher, où plutôt je vais t'accompagner un bout de chemin : attends-moi cinq minutes.

Au bout de dix minutes, Castor dit :

— Je ne puis pas t'attendre plus longtemps ; d'ailleurs tu n'as pas besoin de mettre de la pommade à tes cheveux pour m'accompagner un bout de chemin à onze heures du soir.

— Je suis prêt.

Pollux était agité et ne parlait pas. Après avoir parcouru deux ou trois rues, Castor s'arrêta.

— Si j'ai un conseil à te donner, dit-il, c'est de t'en retourner ; ça ne t'amusera pas d'avoir une longue course à faire pour rentrer quand tu vas être seul ; avec cela que la nuit est d'un noir parfait.

— Je ne suis pas pressé de rentrer ; d'ailleurs je vais quelque part.

— Du même côté que moi ?

— Jusqu'à présent du moins.

A deux rues plus loin, ce fut Pollux qui s'arrêta et dit :

— Par où vas-tu ?

Castor mentit et dit :

— Je prends la première rue à droite.

— Alors, dit Pollux, séparons-nous, car je vais prendre la première rue à gauche.

Il mentait aussi, chacun voulait se débarrasser de l'autre. Ils se séparèrent en se donnant la main.

Pollux ne prit point la deuxième rue à gauche, mais il se dirigea sur une maison qui faisait l'angle de la quatrième rue et de celle où les deux amis s'étaient séparés. Il était, comme je l'ai dit, agité et ému ; il avait eu la veille une querelle assez vive avec l'habitante de ce logis ; il ne pouvait se résoudre à attendre au lendemain pour offrir ou demander pardon.

Toutefois, en approchant, il pensait qu'il n'était pas attendu, que peut-être les domestiques ne seraient pas couchés, etc. — Cependant, se dit-il, si elle m'aime, elle doit deviner que je ne porterai pas jusqu'à demain le chagrin de notre querelle ; elle doit m'attendre. Allons !

Il avança de quelques pas, et se dit tout joyeux, en voyant une lampe éclairer une certaine fenêtre dans la nuit sombre :—Ah ! j'en étais sûr ! elle m'attendait : c'est le signal !

Il cherche la porte, puis présente sa clef à la serrure ; à ce moment, une autre clef s'y présentait de son côté, les deux clefs se rencontrèrent.

— Qui va là ? s'écria Castor.

— Qui êtes-vous ? dit Pollux.

— Tiens ! c'est toi ?

— Oui, et toi ? c'est ici que tu viens jouer aux dominos ?

— Ah ça ! il y a donc plusieurs locataires dans cette petite maison ?

— Je ne le pense pas.

— C'est que c'est là que je vais aussi.

— Je le vois bien.

— Expliquons-nous.

On s'expliqua. C'était précisément dans le même ciel qu'allaient tous les deux jours Pollux et Castor. Ils n'eurent pas assez d'invectives et d'indignation pour ledit ciel.

— Tu peux, dit Castor, y aller si tu veux ; moi je n'y mettrai plus les pieds !

— Je t'abandonne la place, répondit Pollux, et elle ne me reverra de sa vie !

— Méprisons-la, dirent-ils en chœur, et allons-nous-en.

Tous deux se séparèrent. Cette fois Pollux s'en alla par le chemin qu'avait pris Castor pour venir. Castor prit la route qu'avait suivie Pollux pour arriver. Quand il eut fait une centaine de pas, Castor s'arrêta, écouta, n'entendit rien, et retourna sur ses pas en évitant de faire du bruit. « Je veux, dit-il, confondre l'infidèle ! » — Il arriva à la maison, prit sa clef et allait la mettre dans la serrure, quand il en fut empêché par la clef de Pollux, qui était revenu de son côté pour dire son fait à la perfide.

— Eh bien ! dirent-ils, entrons ensemble pour l'humilier. — Castor mit sa clef dans la serrure ; le pêne joua, mais la porte ne s'ouvrit pas. Il faut croire que la belle étrangère avait vu ou entendu une partie de ce qui s'était passé, et avait poussé son verrou. La porte demeura inflexible, et cette fois Castor et Pollux s'en allèrent ensemble, et passèrent la nuit à se donner des explications que je vous épargnerai.

III

LE PROGRÈS. — UN USAGE NOUVEAU. — LE PIÉMONT ET LES JÉSUITES. — GÉRARD DE NERVAL. — SUR L'ARGENT. — LÉGITIMITÉ DE LA FAUSSE MONNAIE. — LES MARGES DES LIVRES, ETC.

En voyant reparaître de temps en temps les mêmes crimes, les mêmes infamies, les mêmes sottises, on est tenté de penser que l'humanité ne marche que dans un cercle. A peine l'a-t-on pensé, qu'on ne tarde pas à le dire, et je ne répondrais pas de n'avoir pas, dans mes moments de mauvaise humeur, émis parfois quelques opinions analogues. Cependant, pour concilier certains progrès incontestables avec le retour inexorable de certaines bêtises, il faut prendre un terme moyen entre la ligne droite, que les flatteurs d'eux-mêmes et de leur temps croient voir dans la marche de l'humanité, et le cercle infranchissable dans lequel les gens agacés prétendent la voir tourner. Disons qu'il y a marche, qu'il y a progrès, mais que cette marche et ce progrès ont lieu en spirale. — La spirale est une intention de ligne droite contrariée par des obstacles, mais s'appuyant sur eux.—C'est la théorie du tire-bouchon, c'est la théorie de l'hélice.

Si cette marche est plus lente, elle est plus sûre, et en même temps chaque pas fait est définitivement acquis, et l'effort lui-même trouve un point d'appui précisément dans l'obstacle. L'hélice ne produit pas le même effet dans l'air que dans l'eau, qui lui offre plus de résistance.

C'est à cela que servaient les gouvernements d'autrefois, et que servent toujours les académies et les radoteurs comme je commence à le devenir.

Les anciens sénats étaient composés de vieillards — *seniores*. — Ils avaient pour mission de mettre obstacle à la fougue de la nouvelle génération, qui, s'élançant avec trop d'ardeur, ne tarderait pas à perdre haleine et à tomber dans quelque fondrière.

Les Académies doivent renfermer beaucoup de bornes.

« A l'ordre ! à l'ordre » comme on disait autrefois.

Je demande à expliquer ma pensée.

Des hommes sont arrivés à l'extrémité du stade ; ils ont devidé leur soie et fait leur cocon, ou, si vous le préférez, leur poëme épique et leurs quatre tragédies.

Ils sont naturellement disposés à croire qu'il y a assez de soie comme cela, ou que celle que feront d'autres bombyx au renouveau, aux nouvelles feuilles de mûrier, sera impossible à filer et inutile.

Un peu moins d'images, de figures, de tropes. L'écrivain qui n'écrit plus ou qu'on ne lit plus, ce qui revient au même, prend de bon cœur la génération nouvelle qui écrit et qu'on lit pour une horde de barbares, pour une tribu de peaux rouges.

D'autre part, les susdits barbares, les susdites peaux rouges, s'en iraient volontiers à travers champs, abattant un arbre pour cueillir une datte, tuant un bison pour manger sa bosse, ne s'arrêtant nulle part, ne fondant et n'établissant rien, allant en avant, retournant en arrière, et brûlant les anciennes maisons sans les remplacer.

Il n'est donc pas injurieux d'appeler bornes des hommes de mérite qui, semblables aux dieux termes, marquent leur point d'arrivée et le point de départ des autres ; c'est un rôle utile, honnête, et si ces statues sont immobiles et n'ont pas de pieds, rien n'a empêché le sculpteur de leur faire de belles et bonnes têtes.

Ces bornes, ces termes, entravent, par leur mauvaise humeur, leur mauvais vouloir et leurs mauvais propos, la fougue excessive de la génération nouvelle. Ils font l'effet de l'eau dans laquelle tourne l'hélice, du liége dans lequel s'insinue le tire-bouchon.

Ou encore du tuyau qui comprime, resserre, contrarie l'eau ; du cuivre du cor, qui enferme le souffle dans ses labyrinthes.

Par suite de quoi l'eau, qui, livrée à elle-même, s'épandrait au hasard, captive, s'élance au soleil en gerbes d'émeraudes, de rubis et de topazes ; et le souffle, qui se perdrait dans l'air, produit des sons harmonieux et de belle musique, comme sous les lèvres de mon vieil ami Meifred.

Bornes, bouchons, tuyaux de terre cuite ou de cuivre, la résistance a son utilité. — Ceux qui étaient peaux rouges pour une génération deviennent à leur tour bornes pour la génération suivante, qu'ils appelleront à leur tour Cosaques, Mohicans et Hurons.

Les anciens, par haine des nouveaux, se jettent dans l'excès de leurs théories et reculent, — ce qui tourne l'opinion en faveur des nouveaux,—ceux-ci, trouvant un point d'appui en même temps que de la colère dans la résistance des anciens, vont porter un peu plus loin la borne qu'ils ne vont pas tarder à devenir.

Que l'on attende donc si l'on veut qu'un écrivain ait fait son cocon et s'y enferme, comme le ver qui va devenir chrysalide, pour le nommer académicien, cela s'explique ; mais ce que je ne me charge pas d'expliquer, c'est l'introduction opiniâtre de gens qui ne sont pas écrivains.

Après tout, cela m'est bien égal.

Je n'ai parlé de cela que pour arriver à parler d'autres choses.

Dans les mœurs, dans les coutumes, dans les usages, il s'est fait de notables changements en France.— Il est évident que je trouve que le monde allait beaucoup mieux quand j'avais vingt-cinq ans qu'aujourd'hui que j'en ai quarante-cinq.

Dans ce temps-là, les femmes étaient sensibles, et vous payaient d'un regard sympathique vos regards d'admiration.—Dans ce temps-là, les miroirs, que l'on ne sait plus faire aujourd'hui, vous montraient votre visage jeune et frais, et non pas un front ridé et des cheveux grisonnants, comme aujourd'hui.

J'entendais un jour les paroles que voici échangées dans le coin d'un salon, entre un homme autrefois très-galant, et une femme très-jolie à l'époque où il était très-galant.

— Mais, dites-moi donc, ma chère, depuis quand les jeunes gens de vingt ans sont-ils si ridicules?
— Je puis vous le dire précisément, mon ami : c'est depuis que vous avez quarante-cinq ans.

Quand je critique certains usages nouveaux, ce n'est pas que j'espère les empêcher de s'établir, c'est pour me mêler à mon temps, c'est pour faire mon rôle de borne.

Je suis un peu scandalisé, je l'avoue, de voir quelles manières les femmes autorisent les hommes à avoir à leur égard. Je préfère les formes respectueuses dans lesquelles j'ai été élevé.

Mais que l'on se persuade bien que je n'espère rien empêcher, rien réformer, que je ne veux surtout gêner personne.

Je sais mon Molière, et je ne prends pas parti pour la femme de Sganarelle quand il la bat : ça n'a qu'à lui plaire d'être battue !

Que les hommes secouent la main des femmes dans les rues et dans les salons, je dirai, seulement pour causer, qu'ils ne connaîtront jamais cette douce et poignante sensation de presser pour la première fois la main d'une femme aimée.

Je rappellerai que, dans ma première jeunesse, — faites semblant de croire que je suis dans la troisième : c'est si triste de n'être jeune que pour soi, — je rappellerai que les jeunes filles ne valsaient pas.

Une femme mariée connaît l'homme qui a des droits sur elle, elle sait l'étendue de sa susceptibilité, elle est décidée à s'y soumettre ou à la braver. Mais la vie de la jeune fille est un album, dans l'acception littérale du mot, un livre blanc ; c'est un album sortant des mains du relieur, on ne sait encore à qui il appartiendra. Sera-ce à un poëte, à un musicien, à un peintre ?

Pourquoi y laisser d'avance au hasard griffonner par tout le monde des vers, des pochades, non sans quelques *pâtés ?*

Vous ne savez pas de quel honnête homme vous gâtez peut-être le bonheur.

Toujours pour causer, c'est bien entendu.

Car, au bout du compte, c'est peut-être mieux ainsi.

Quand on aimera une femme ou une jeune fille, ce sera pour la couleur et l'abondance de ses cheveux, pour la cambrure de sa taille, pour la finesse de sa peau; on ne fera pas reposer sur elle toutes sortes d'espérances vagues, poétiques, absurdes; on n'adorera pas des anges, on désirera des femmes.

On ne donnera plus sa vie pour un regard; on aimera à ses heures, comme on dîne; on ne se fatiguera plus à chercher dans les plaines du trèfle à quatre feuilles, et dans les jardins des roses bleues.

La femme redeviendra un simple homme-femelle; l'amour redeviendra un appétit qui aura sa saison. On ne sera plus distrait des *choses sérieuses*, de l'argent, des affaires, de la politique, par de *belles passions;* le succès des courtisanes ira toujours croissant. Il vaut bien mieux leur donner une partie de l'argent que l'on gagne sans distractions, que d'oublier de gagner de l'argent pour *filer un parfait amour*. On entretenait ruineusement les femmes honnêtes de tout l'argent qu'elles vous empêchaient de gagner, bien plus, de celui qu'elles vous empêchaient de voler; tant en absorbant votre esprit, vos désirs, toutes vos forces, qu'en exigeant d'un homme quelquefois de la grandeur d'âme, du désintéressement, de la noblesse.

Cependant, peut-être faudrait-il procéder graduellement à cette transformation de la femme. Nous sommes encore quelques-uns, nés dans les premières années de ce siècle, et même auparavant, qui avons peut-être le droit que l'on paye à nos mères, à nos sœurs, à nos filles, le respect avec lequel nous avons traité les mères, les sœurs et les filles de ceux qui nous ont précédés. Par exemple, si les filles valsent, on pourrait ne pas les étreindre en valsant d'une façon aussi... étrange. On a supprimé un *temps* de la valse, qui en avait trois autrefois. Il paraît que le respect, la décence, d'une part, la réserve et la pudeur, d'autre part, étaient précisément dans ce *temps* que l'on a supprimé pour créer la valse à deux temps, dans laquelle on ne les retrouve pas, faute de place.

A la seconde fois qu'un homme voit une femme, il lui tend la main, et il faut que la femme livre la sienne et se prête à cette familiarité, sous peine de passer pour bégueule.— J'emploie ici un mot rude, peut-être, mais c'est cependant le moindre des noms qu'on lui appliquerait si elle refusait de donner sa main à un homme qui lui tend la sienne. — J'ai vu quelques-unes de ces pauvres femmes obéir en rougissant d'indignation.

Que les hommes et les femmes se serrent et se secouent donc les mains, puisqu'on le veut; mais, voyons, est-ce que l'on ne pourrait pas marquer un temps d'arrêt? par exemple, ne pourrait-on pas établir qu'un homme bien élevé doit attendre que la femme lui tende la main et fixe elle-même le degré de familiarité qu'elle veut lui accorder?

Je ne sais si l'on a suffisamment remarqué que la partie d'une certaine Lettre écrite du Vatican, où sont vitupérées les sociétés secrètes, s'appliquerait merveilleusement, par le fond et par la forme, à la compagnie de Jésus, constituée absolument et agissant comme les ventes de carbonari.

Ce général, à Rome, qui, avec ses assistants et son admoniteur, exerce un empire absolu sur tous ses affiliés, par les *provinciaux;* ces différents degrés d'initiation, ces statuts, les uns visibles, les autres secrets; ces épreuves précédant l'admission, etc., rien n'y manque, et le Vatican, par la publication de ladite Lettre, a fort risqué de se faire accuser de ganganellisme.

En attendant, le Piémont menacé paraît s'en inquiéter modérément. La loi relative à la suppression des couvents est accueillie dans les États sardes avec une grande faveur; elle passera à une très-forte majorité à la Chambre des députés, et, lorsqu'on exprime quelques doutes sur les dispositions, présumées contraires, d'une partie du Sénat, c'est avec des considérations qui témoignent d'avance de l'impopularité qui accueillerait une hésitation de la part de ce corps.

C'est un spectacle curieux, intéressant et digne de la sympathie universelle, que celui qu'offre en ce moment le gouvernement piémontais. C'est un rare exemple d'un gouvernement marchant à la tête de son peuple et le conduisant; d'un gouvernement plus avancé que la moyenne des gouvernés.

Le parti ultra-dévot est moins modéré dans la forme de ses menaces que ne l'a été le Vatican. On comprend bien que le tremblement de terre, la cherté des vivres, une tempête, quelques degrés de froid qu'on a éprouvés ces jours derniers, que la neige tombée dans quelques localités et que l'on va voir comme on irait voir une baleine échouée sur la plage; on comprend que tout cela a été mis sur le compte du projet de loi relatif à la suppression des couvents.

Malheureusement, on n'a pas résolu deux petites objections.

La tempête s'est étendue au loin sur la Méditerranée.

La cherté des vivres a été reconnue officiellement dans presque toute l'Europe.

Le tremblement de terre a été ressenti beaucoup moins fort, il est vrai, mais a été ressenti à Marseille et à Toulon, tandis qu'il ne s'est pas étendu à la totalité des États sardes.

D'autre part, la « définition du dogme du 8 décembre, » qui devait tout racheter, tout réparer, aurait plus que suffi à compenser les peccadilles du Piémont, dont le gouvernement seul est incriminé.

Toujours est-il, — et ce qui suit est sérieux, — que de grands malheurs viennent d'éprouver, coup sur coup, la famille royale.

La veuve de Charles-Albert est morte dans un âge peu avancé ; elle avait 56 ans.

La reine Marie-Adélaïde mettait au monde un enfant lorsqu'elle fut douloureusement frappée de la maladie et de la mort de la reine-mère, avec laquelle elle était liée d'une amitié très-étroite ; des symptômes alarmants dans sa situation ne tardèrent pas à se manifester, et après quelques jours d'anxieuse attente, elle est morte le 20 janvier à six heures.

Les regrets ont été unanimes, et la douleur la plus sympathique s'est mêlée à celle de la famille royale.

La reine Maria-Adélaïde-Francesca était, dit-on, une femme pleine de grâce et de bonté ; elle ornait le trône des vertus les plus sereines. Il y a un an et demi, à la Spezzia, par une belle nuit d'été, je me trouvais sur le port lorsqu'elle revenait d'une promenade en mer, je la vis débarquer et regagner à pied sa demeure. Elle avait la taille belle, la démarche noble et aisée ; elle était très-simplement mais très-majestueusement enveloppée dans les plis d'un grand châle bleu.

Un de mes amis, qui a eu plusieurs fois l'honneur de l'approcher, me disait hier que sa belle physionomie s'embellissait et s'illuminait de sa bonté quand elle parlait.

Au milieu du deuil général, on entend une rumeur sourde et sauvage. Le parti ultra-dévot, d'un air sournoisement triomphant et hypocritement contrit, s'en va disant que c'est le ciel qui frappe la famille royale, en punition du projet de loi sur la suppression des couvents.

Il est vrai de dire que le dégoût le plus légitime accueille ces propos.

Je ne sais s'il est bien sage et bien prudent au parti ultra-dévot de rappeler les malheurs arrivés aux souverains qui ont eu la hardiesse de le mécontenter.

On sait bien que Henri III mourut peu de temps après son alliance avec le Béarnais ; on sait bien que celui-ci fut également puni après l'édit de Nantes, qui assurait la liberté religieuse aux calvinistes.

On sait bien que Jacques Ier d'Angleterre, ayant mécontenté le parti ultra-dévot, faillit sauter avec les ministres et tout le parlement, lors de la fameuse conspiration des poudres.

On sait bien que Clément XIV, — Ganganelli, — ne survécut que quelques mois au bref qui, en 1771, prononça la suppression des jésuites.

On sait bien tout cela, mais on sait aussi que ces divers châtiments infligés par la Providence furent, par les contemporains et par l'histoire, très-désavantageusement appréciés et interprétés à l'égard du parti ultra-dévot, qui devrait craindre, en triomphant mal à propos, de donner lieu à des calomnies.

Une autre raison devrait l'engager au silence, c'est que, sauf certains cas où ce parti a été accusé d'avoir un peu aidé la Providence, elle n'a pas toujours puni les adversaires ou récompensé les amis dudit parti.'

Henri IV a, il est vrai, été puni pour avoir fait l'édit de Nantes ; mais c'est après la révocation de cet édit et les persécutions religieuses, que Louis XIV vit sa famille tomber sous ses yeux, et une longue série de désastres succéder à ses victoires. C'est en vain qu'il reprochait à Dieu « *ce qu'il avait fait pour lui.* » Dieu parut ne pas se croire obligé de payer les dettes du parti sacrilége qui se sert audacieusement de la religion pour couvrir son ambition et sa cupidité.

C'est après la Saint-Barthélemy que Charles IX mourut d'une mort terrible et ignominieuse.

Donc si, d'une part, le ciel ne fait pas toujours honneur aux lettres de change tirées sur lui par le parti ultra-dévot, d'autre part, les intermédiaires employés dans certains cas ont toujours laissé des doutes sur l'intervention de la Providence dans les haines et les amitiés de ces véritables ennemis de la religion.

La vérité est que la reine Marie-Adélaïde, qui n'avait que trente-trois ans, était très-aimée et est très-regrettée ; elle laisse, je crois, sept ou huit enfants, dont l'aîné, prince héréditaire, a déjà onze ans.

Mais ce n'est pas seulement en Sardaigne, c'est en France aussi que le parti ultra-dévot triomphe imprudemment de la mort des deux reines de Piémont et menace d'extinction la famille royale tout entière.

Après avoir relaté ce double malheur qui a frappé le roi de Sardaigne, les journaux de ce parti assuraient naguère que la possession des biens ecclésiastiques profite peu aux familles qui y ont touché.

Et il donnait pour exemple l'extinction de la maison de Savoie, qui, en 1831, a élevé sur le trône la maison de Savoie-Carignan dans la personne de Charles-Albert.

Le roi Victor-Amédée avait huit enfants, et ses trois fils sont morts sans postérité parce qu'il avait touché aux biens du clergé.

Ne vous semble-t-il pas entendre la Lucrèce Borgia de Victor Hugo, disant à son époux :

« Prenez garde, duc Alphonse... *mon troisième mari.* »

Le crime de Victor-Amédée, dont parlait aussi la feuille des sieurs Nonotte, Rupert, Patouillet, Veuillot et Coquille, est la sécularisation de quelques abbayes qui n'avaient pas de juridiction épiscopale.

Or, cette sécularisation fut faite de concert avec la cour de Rome, ce qui devrait, si ces messieurs se piquaient de logique, en faire un acte inattaquable.

On ne peut admettre que le pape soit faillible ou infaillible, selon que ses décisions ne plaisent pas ou plaisent à MM. Patouillet, Rupert, Coquille, Nonotte et Veuillot.

Je ne trouve pas, je le répète, extrêmement prudent de rappeler ces punitions dites célestes, parce que cela remet en souvenir les punitions infligées au pape Ganganelli, à Henri III, à Henri IV, etc., etc. On a si vite fait de calomnier les meilleures intentions ! Mais nous défendrons ce parti contre son imprudence. Non, il ne dispose pas de la vie des familles royales, et il ne peut nouer l'aiguillette aux fils de rois ; non, il n'y a pas de danger de voir s'éteindre la maison royale de Piémont ; non, le fanatisme n'arme plus Ravaillac et Jacques Clément. Le poison des Borgia n'existe plus que dans les fioles de la Porte-Saint-Martin.

Les journaux de ce genre ne sont pas des fanatiques aveugles, ce sont d'honnêtes marchands de choses sacrées, qui surfont un peu et ne sont pas toujours suffisamment polis avec la pratique ; mais ne les croyez pas quand ils se calomnient ainsi eux-mêmes.

Eux des fanatiques! — Allons donc! vous les flattez.

Les fanatiques! c'est plus dangereux, mais c'est moins laid.

Ils ne s'élèvent qu'à la hauteur de Bazile et de Croquemitaine. Le pape, dans sa lettre aux évêques, dit : « La volonté de Dieu s'accomplit nécessairement, » et le pape a raison. Mais alors on a tort quand on prétend aider l'exécution de cette volonté, et tous ces déclamateurs ultra-dévots sont ridicules quand ils offrent à Dieu l'appui de leurs plumes.

Si nous défendons leur parti contre les imprudents, nous ne le défendrons pas contre les maladroits.

Et c'est une grande maladresse que ces menaces qui donneraient un air de lâcheté à la moindre hésitation de la part du gouvernement piémontais.

Mais, pour en revenir un peu aux arguments que M. de Sacy a eu la mauvaise fortune de fournir à l'*Univers,* — il semblerait que le Dieu des jésuites...

(Le nôtre n'est pas le même ; le nôtre, c'est celui

dont parle le pape dans sa lettre aux évêques : « Un Dieu très-bon, très-miséricordieux et tout-puissant, » qui n'a pas besoin de l'appui des sieurs Nonotte, Rupert, Veuillot, Coquille et Patouillet, et qui en échange ne se charge pas de venger les injures de ces véritables ennemis de la religion.)

Il semblerait, dis-je, que le Dieu des jésuites distribuerait quelque peu au hasard ses récompenses et ses punitions.

Il a, il est vrai, fait périr Ganganelli aussitôt après le bref qui abolissait les jésuites ; il a fait périr Henri III et Henri IV de mort violente, etc., etc.

Mais il a laissé puissant et victorieux Louis XIV lorsqu'il protégeait l'auteur de *Tartuffe* et celui du *Lutrin*, — tandis qu'il l'a abandonné à la mauvaise fortune après la révocation de l'édit de Nantes, abattant sa famille autour de lui d'une façon plus visible qu'il n'a abattu la maison de Savoie.

Il a laissé Charles IX, qui, lui aussi, *avait fait beaucoup pour lui...*

(Je parle toujours du Dieu de jésuites ; le nôtre est celui de Pie IX, aimant beaucoup plus les calvinistes que l'on tuait que les catholiques qui les assassinaient ; la nôtre est celui du pape, ayant horreur des sacrifices humains.)

Il a laissé Charles IX périr d'une mort hideuse.

Si le Dieu des jésuites a frappé dans sa postérité le roi Victor-Amédée III pour le punir d'avoir sécularisé quelques abbayes, et, qui pis est, d'avoir fondé une académie des sciences à Turin, *proh nefas !* il l'a fait avec ménagement, et au second degré ; car, enfin, ses trois fils lui ont succédé.

D'autre part, le premier de ses fils, Charles-Emmanuel IV, s'opposa de son petit mieux à l'invasion des idées libérales, et alla mourir à Rome sous l'habit de jésuite. — Le second, Victor-Emmanuel, aima mieux abdiquer que de donner une constitution à ses peuples. — Charles-Félix, le troisième fils de ce roi, frappé dans sa postérité, n'était pas non plus, que je sache, un grand démagogue. Il me semble qu'à eux trois ils pouvaient bien expier le crime de leur père.

Or, quel a été le résultat définitif de cette prétendue punition de la maison de Savoie ? Ç'a été d'appeler au trône Charles-Albert, qui a donné une constitution, et son fils, le roi actuel, qui maintient loyalement cette constitution jurée par son père et par lui, et qui s'occupe de faire mieux que de séculariser quelques abbayes, comme avait fait Victor-Amédée.

Ce qui me semble être en sens précisément inverse de ce qu'y voudraient faire voir les publicistes du parti ultra-dévot.

Allons, mes bons messieurs, cessez cette comédie ! Je vous le répète, vous n'êtes même pas des fanatiques ; vous ne sauriez croire un mot de ce que vous prêchez avec tant de colère. — « Vous êtes les fils du diable, » comme dit le pape dans son allocution du 9 décembre, à propos des impies, qui « ne négligent aucun moyen pour détruire l'Église et l'État. »

« Vous êtes les fils du diable, et vous voulez faire œuvre de votre père. »

Ou plutôt, — et pour parler plus simplement, — vous êtes des marchands de choses saintes sophistiquées et à faux poids.

Jésus-Christ chassa du temple à coups de fouet les marchands qui y vendaient de l'or, des brebis, des étoffes. — Que leur eût-il fait s'ils avaient vendu le temple en le démolissant pierre à pierre ?

Quand cette parade sera finie, quand les évêques vous auront tous repoussés, comme ont fait déjà les plus sages d'entre eux, quel bien aurez-vous fait à l'Église ?

Vous aurez escaladé pendant un temps la chaire dite de vérité pour y débiter l'injure, et pour remplacer la belle langue de Bossuet, de Massillon et de Fléchier par la phraséologie du catéchisme poissard et par « l'engueulement, »

Vous aurez fait à l'Église quelques ennemis moins dangereux que vous.

Est-ce que nous ne connaissons pas votre histoire ? est-ce que vous êtes des chrétiens fervents, des hommes pieux et sincères ?

Vous êtes des gens dont les uns n'avaient pas de talent, dont les autres n'avaient pas de patience.

Vous avez vu les premiers rangs occupés dans les routes larges et directes par des hommes plus forts et plus laborieux que vous.

Vous vous êtes jetés dans le paradoxe de l'ultra-catholicisme.

Borgnes, vous rêvez un royaume d'aveugles et vous voulez faire des aveugles.

La religion, l'Église même, ont résisté à l'impiété. Je suis convaincu que la religion triomphera de vous. Je pourrais être un peu moins sûr de l'Église. En tous cas, vous leur aurez fait courir le plus grand danger qui les ait jamais menacées.

Un pessimiste de l'antiquité disait plaisamment, à propos d'un tremblement de terre : « Voici, ma foi, qui arrive à propos ! je ne savais vraiment pas de quoi remercier le Destin cette année. Je vais le remercier de ne nous avoir pas engloutis. »

*

Gérard de Nerval vient de mourir. C'est un des hommes que j'ai le plus aimés. Tout le monde connaît son esprit si distingué, si fin, si délicat ; mais ce qu'on ne sait pas assez, c'est l'indépendance de son caractère, c'est sa modestie, c'est l'extrême bonté de son cœur et sa constance à l'égard de ses amis.

Un souvenir m'est resté de 1848.

Je faisais alors à Paris un journal à un sou, — auquel collaboraient les noms les plus célèbres et les plus aimés. Nous voulions voir si les classes populaires préfèrent, — comme le prétendent certaines personnes, — le vin bleu des barrières au Château-Laffitte et au vin du Rhin ; — nous voulions tenter l'épreuve et lui donner le Château-Laffitte et le vin du Rhin au prix du vin d'Argenteuil. Pour un sou,

— le prix des plus grotesques, des plus odieux canards, — je faisais vendre un journal bien imprimé, sur beau papier, avec des articles écrits par les maîtres de la littérature.

Nous faisions alors un rude métier.

Pour ma part, je me croyais au commencement d'une grande époque pour la France, et j'avais quitté et mon jardin de Sainte-Adresse, et mes fleurs et la mer.

Souvent, à minuit, nous faisions un souper, qui était le premier et le seul repas de la journée. Souvent je me couchais à deux heures du matin pour me relever à cinq. Mais les fatigues physiques n'étaient rien auprès de celles que causait la surexcitation de l'esprit.

Quelquefois, je tombais harassé et irrité. Et Gérard me disait : «Allez-vous-en passer quelques heures a Sainte-Adresse.»

Or, Gérard, pour aucun prix, n'avait jamais consenti à accepter le moindre joug; Gérard n'avait jamais voulu ni faire un feuilleton régulier dans un journal, ni prendre la direction d'une revue : — aucun avantage d'aucune nature ne lui avait paru jamais valoir le sacrifice d'une heure de sa liberté.

Eh bien ! quand Gérard m'avait dit : « Allez-vous-en à Sainte-Adresse, » je ne lui faisais aucune question, aucune recommandation ; j'allais à onze heures du soir au chemin de fer de la rue Saint-Lazare, j'arrivais à Sainte-Adresse le lendemain, à sept heures du matin ; j'en repartais à neuf heures du soir, et j'étais à Paris à cinq heures du matin.

J'avais passé mes deux nuits en voiture, mais j'avais revu mon jardin, j'avais respiré l'air des grèves de l'Océan, je revenais frais et dispos.

Gérard, de son côté, n'avait pas quitté l'imprimerie : il avait dormi sur une table, il avait tout lu et relu, tout corrigé, tout surveillé.

Il avait surtout exercé une fermeté de commandement extraordinaire, lui qui avait autant d'horreur de commander que d'obéir.

— « En effet, commander est un esclavage, me disait-il. Celui qui commande est comme vous quand vous sortez avec votre terre-neuvien Freyschütz : vous êtes chacun à un des bouts d'une lesse. »

Pour bien comprendre ce qu'il y avait là de dévouement, il faudrait savoir, comme je le sais, que si on avait offert à Gérard cent mille livres de rente, la pairie et tous les ordres de chevalerie d'Europe pour faire ce métier-là, il aurait ri, et aurait mis à la porte celui qui lui en aurait fait la proposition.

J'ai souvent entendu reprocher aux vieillards l'endurcissement de leur cœur. O sainte et maternelle Providence, que tu as bien fait! Hélas! combien déjà j'ai enterré de gens que j'aimais et de gens que j'admirais!

Croyez-vous qu'on sorte tout entier du cimetière quand on vient d'y entendre la terre tomber avec un bruit sourd sur le cercueil d'un ami? Croyez-vous qu'on n'enterre rien de soi avec lui?

Si un vieillard, autour duquel la mort a fait une morne solitude, sentait ses pertes comme on les sent dans la première moitié de la vie, un grand âge serait la plus terrible punition que la Providence pourrait infliger à l'homme.

Et pourtant, au moment même où je bénis cette Providence d'avoir diminué la sensibilité du cœur des vieillards, je pense que je ne redouterais rien tant au monde, si je dois devenir un vieillard, que de ressentir moins douloureusement la perte de mes chers morts. Ce serait les perdre une seconde fois dans mon cœur. Il en est dont la mort ne m'a laissé qu'une consolation : la certitude de ne jamais me consoler.

Nous faisons partie d'une génération qui s'en va.

— Nous avons été jeunes, nous avons été poëtes, quelques-uns le sont encore; — nos fils sont plus raisonnables et surtout plus vieux que nous.

Il faut en prendre notre parti. — On méprise et on détruit ce que nous avons aimé et chanté. — Le genre humain a terminé sa jeunesse; il entre dans son âge mûr, dans cet âge où l'utilité, le comfort, deviennent seuls recherchés; où l'argent prend le premier rang et règne sans partage; où l'on parle des plaisirs et des goûts de la jeunesse comme la jeunesse parle des jeux et des jouets de l'enfance; où l'on traite avec le même dédain le cerceau et la poésie, les billes et le désintéressement, la marelle et l'amour, Polichinelle et le dévouement, la toupie et l'amitié.

Nous renonçons à lutter, mais que nos sérieux, que nos habiles enfants nous permettent de ne pas les suivre, et se contentent que nous les laissions aller; qu'ils nous permettent de nous asseoir sous les derniers saules, — cet arbre sans produit sera bientôt supprimé, — et de soupirer quelques élégies sur ce que leur haute raison va faire disparaître. Après on ne fera plus d'élégies, tout ira si bien! Les chemins de fer suppriment les voyages; par les chemins de fer, on va, l'on ne voyage pas.

Plus de costumes variés et pittoresques, plus de mœurs bizarres, plus de montagnes, plus de collines, plus de fleurs regardées et cueillies sur le bord des chemins.

Plus de grandes forêts pleines d'oiseaux et de rêveries ; plus d'immenses prairies ; plus de ces haies d'aubépine, d'églantiers et de chèvrefeuilles sauvages, où les fauvettes font leur nid avec la laine qu'y laissent les moutons. Les haies sont remplacées par des murs.

Plus de ces toits de chaume, couverts, du côté du nord, par la mousse, d'un si chotoyant tapis de velours vert ; ornés sur la crête d'iris au feuillage aigu, aux fleurs violettes.

L'erreur a ses martyrs comme la vérité (la vérité est le nom que les plus forts donnent à leur opinion). Il ne faut donc pas, quand il s'agit de raisonner, se faire un argument de son martyrologe. C'est ce que commettait dernièrement je ne sais quel père de la petite église de l'*Univers*. Si les chrétiens ont eu des martyrs, les ultra-catholiques en ont eu, et il ne tiendrait qu'aux 60,000 Albigeois, Vaudois, etc., massacrés dans un acte de foi, de prendre ce titre, de leur côté.

À propos de martyre, il y a quelques années, j'ai essayé de fournir une rare occasion de martyre à quelques écrivains dévots qui, à propos d'un triste et honteux scandale causé par eux dans une cérémonie funèbre, avaient cyniquement injurié un mort bien cher. — Je chargeai un ami de me chercher, avec le soin qui le distingue, l'auteur d'un article ignoble dont j'avais à me plaindre, mais ce fut inutilement; il avait pris à ces messieurs un subit et opiniâtre amour des champs et de la villégiature qui dura autant que la patience de mon ami.

Il n'était pas alors aussi notoirement décidé qu'aujourd'hui, qu'on peut être injurié, mais non insulté par ces gens-là.

Il y a quelque dix ou douze ans, — je demeurais alors aux bords de l'Océan, dans cette petite bourgade où je comptais bien que s'écoulerait le reste de ma vie, — un des enfans d'une bonne et charmante femme sur laquelle bien des deuils sont tombés depuis me pria de lui faire un conte de fées.

Il avait pensé que sous ces flots profonds de la mer, où les phoques et les grands poissons habitent des prairies d'algues et des forêts de corail, il pouvait bien y avoir des mystères et des prodiges comme dans le ciel, que les hommes ont successivement peuplé de toutes leurs imaginations. Il voulait que ce conte s'appelât « les fées de la mer. »

J'écrivis le titre au haut d'une page blanche, et j'y mis pour épigraphe ces mots du poëte latin :

Sœpè legendus avus.

C'est l'histoire de ton grand-père qu'il faut feuilleter si tu veux voir des prodiges.

Son grand-père était ce « brave des braves » qui a laissé à ses fils le nom de ses victoires.

J'oubliai le conte, puis je l'écrivis cinq ou six ans après. Mais alors je n'osai plus le dédier à mon jeune ami ; ce n'était plus un enfant, c'était un beau dragon dans le régiment de son père.

Il était trop près encore de l'enfance pour permettre sans chagrin qu'on le traitât en enfant. — Ce n'est pas à dix-huit ans que Lafontaine demandait qu'on lui récitât le conte de *Peau-d'Ane*.

Et moi aussi, — et nous tous presque, — nous avons passé par cette époque de la vie où l'on abandonne avec orgueil les croyances et les joujous de l'enfance pour d'autres croyances et d'autres joujous que l'âge mûr vient ensuite briser avec dédain au bénéfice d'autres crédulités et d'autres joujous que la vieillesse vient à son tour remplacer par les siens.

Enfant, on croit aux fées, on joue aux billes et à la toupie ; jeune homme, on croit à l'amour, au désintéressement, au dévouement, à l'honnêteté, etc., etc.

Pour moi, je suis revenu aux contes de fées, qui, après tout, sont les contes qui m'ont le moins trompé.

J'ai plus qu'assez de la réalité, et c'est avec joie que je retourne à ces beaux prodiges qui ont tant intéressé notre enfance.

On vient de retrouver le roc des *Mille et une Nuits*, ce puissant oiseau dont les ailes étendues cachent le soleil et retardent de trois jours la maturité des fraises ; qui prend un homme par la ceinture entre ses serres d'acier, et le porte en deux heures, à trois millions de lieues de là, voir une belle princesse endormie.

Il vient d'être jasé à l'Académie des sciences sur le compte d'un oiseau appelé *œpiornis*, dont chaque œuf est d'une capacité de dix litres ; un savant a même prétendu qu'un de ces œufs cuit à la coque pouvait donner à dîner à quatre-vingts personnes.

Ce n'est rien que d'avoir retrouvé le roc réputé jusqu'ici fabuleux, tous les autres prodiges attribués aux fées sont maintenant réalisés par de simples savants, et encore par des gens qui ne sont ni savants ni simples. Là marraine de Cendrillon change un rat en cocher et une citrouille en carrosse. Belle merveille !

La fée dit à sa filleule Cendrillon : — Tu n'as pas de carrosse ? va me chercher une citrouille dans le jardin.

Un savant vous dit : La vigne boude, elle refuse de vous donner des fruits. A son aise ! apportez-moi la paille de votre paillasse, ou une vieille chemise, ou un fauteuil hors de service : je vais changer tout cela en alcool. — En effet, vous voyez annoncer à l'Académie des sciences l'alcool de bois, l'alcool de paille, l'alcool de linge; les fibres de tout ce qui végète ou a végété renferment de l'alcool. Le premier savant venu, M. Tartempion ou M. Leverrier, vous renouvellera le prodige de Méphistophélès et fera sortir de l'eau-de-vie d'une table.

La fée dit à Cendrillon : — Tu as besoin d'un

cocher; voyons un peu dans la ratière. — Elle en tire un gros rat et en fait un cocher; trois moyens rats, et en fait des laquais. Mais des gens qui n'étaient pas même des savants, n'ont-ils pas toujours fait des laquais avec toutes sortes de gens qui ne paraissaient pas devoir jamais le devenir? — N'a-t-on pas fait des duchesses avec des rats de l'Opéra?

La science a vaincu les fées. L'Académie des sciences renferme plus de magiciens qu'il n'y en a dans les contes de Perrault et dans ceux de madame d'Aulnoy.

Voici que l'on fait maintenant en Piémont une société pour extraire de l'alcool des asphodèles, ces pauvres plantes, presque toutes sauvages ou habitantes des lieux escarpés où un poëte, un rêveur seul, les allait voir et les cueillait quelquefois; où leur plus mauvaise rencontre possible était celle d'un botaniste qui les mettait dans sa boîte et les collait dans son herbier; où, après qu'il les avait tuées et desséchées, il mettait au-dessous d'elles, dans ce tombeau, en guise d'épitaphe, des barbarismes grecs ou latins qui avaient l'air de les injurier. Maintenant, on va cueillir les asphodèles comme on ramasse des chiffons. Ils appartiennent à l'industrie : leur vie de liberté et d'indépendance est finie.

L'industrie ne respecte rien. Les anciens avaient consacré l'asphodèle aux morts ; on en plantait sur les tombeaux. L'industrie les arrachera, même sur les tombeaux.

Je vais bien vite en planter quelques-uns dans le jardin que j'habite. Ceux-là ne seront pas réduits à l'alcool et mis en bouteille, du moins tant que je resterai ici.

Le Journal l'*Univers* est devenu le moniteur officiel de la joie excitée dans le monde entier par la définition du dogme de l'immaculée conception.

Pour les Romains, on sait qu'ils en sont ivres.

Un *Te Deum*, selon la feuille en question, aura rarement eu pour objet un plus grand bienfait accordé à la terre ; *l'univers entier* proclame cette année heureuse entre toutes les années de l'Église catholique.

Nous pensons qu'on doit entendre par l'*Univers entier* tout le personnel de la rédaction du dévot carré de papier, — MM. Veuillot frères, Barrier, etc.

S'il s'agissait de l'autre univers, il faudrait excepter de ceux qui proclament cette année heureuse entre toutes les années, l'Europe, qui a eu à subir la guerre, la peste et la disette.

Quelque chose qui rend ivre de joie l'*Univers entier*, — toujours MM. Barrier, Veuillot frères, etc., — c'est d'avoir trouvé une nouvelle injure pour ses adversaires.

Cette injure est celle-ci :

« Ennemi du dogme proclamé le 8 décembre. »

Hélas ! — mes bons messieurs, vous n'aurez pas cette consolation, — le dogme proclamé le 8 décembre n'a pas d'ennemis.

Vous voudriez bien lui en faire, — mais vous n'y réussirez pas.

Pour ma part, j'ai dépassé vos croyances, que j'ai dénoncées comme tièdes et irrespectueuses. Je crois que sainte Anne a été conçue sans péché, — osez dire le contraire !

Vous espériez faire des hérétiques, — il n'y aura pas d'hérétiques.

Vous espériez imiter ce chirurgien sans clientèle

qui, enveloppé d'un vaste manteau, attendait les passants le soir, près de sa maison, les frappait d'un coup de poignard, et courait vite attendre chez lui qu'on les lui apportât à panser.

Mais il ne passe personne.

Vous ne négligez rien pour faire à l'Église et à la religion catholique des ennemis contre lesquels vous puissiez être censés les défendre ; — peine perdue : la religion et l'Église catholique n'ont pas d'autres ennemis que vous.

Vous ne pouvez rendre qu'un seul service à la religion et à l'Église : c'est de faire remarquer, comme le faisait dernièrement René de Rovigo, qu'il faut que la religion soit bien grande et l'Église bien forte pour résister à un appui comme le vôtre.

Il faut vous y résigner, « le dogme du 8 décembre » n'a pas d'ennemis.

Pie IX en a proclamé la définition. Personne ne le trouve mauvais, personne ne le conteste. Nous ajouterons que bien peu s'en préoccupent exclusivement.

A Bayeux, un malheureux puisatier, enterré vivant par un éboulement, n'a pu être délivré, que par la mort, d'une agonie de neuf jours, pendant lesquels des efforts héroïques ont été inutilement tentés pour le sauver.

A trois lieues d'Autun, huit mineurs sont enfouis, on en retire un vivant avec une jambe broyée, trois cadavres sont successivement déterrés, quatre hommes vivants sont encore enterrés au moment où j'écris ces lignes.

Je ne puis que répéter ce que j'ai déjà dit à propos de ces terribles accidents qui deviennent chaque jour plus fréquents.

On ne doit pas abandonner la direction de semblables travaux à la cupidité ou à l'ignorance des propriétaires et des entrepreneurs, à l'imprudence et à la misère des ouvriers.

On ne doit permettre le creusement d'un puits, l'exploitation d'une mine, que sous la surveillance d'un ingénieur juré, qui ne dépende en rien ni des propriétaires, ni des entrepreneurs. — Je demandais, à propos du malheureux Giraud, combien il faudrait de malheurs de ce genre pour que la philanthropie imaginât des mesures énergiquement préventives ; — je le demande encore à propos de Desmoles, de Bayeux, et des sept victimes d'Autun ; — je le demande au nom des veuves et des orphelins; — je le demande au nom des innombrables familles vivant du travail des ouvriers de certaines professions qui, outre un travail fatigant, jouent chaque jour, à un terrible hasard, leur vie, contre le pain de leurs enfants.

On lisait dans les journaux que des pièces d'or fausses circulaient, il y a quelque temps, à... Quelques-unes avaient été livrées à l'autorité, qui avait commencé une enquête par suite de laquelle les individus coupables de cette émission étaient placés sous la main de la justice.

Parbleu! est-ce que vous avez cru, messieurs les marchands de faux café, de faux sucre, de faux chocolat, de fausse farine, de fausse bougie, de faux lait, etc., est-ce que vous avez cru que l'on vous payerait éternellement ces fausses denrées en vrai argent?

La loi punissait autrefois de mort le crime de la fabrication de la fausse monnaie; elle s'est adoucie, et ne condamne plus les faux monnayeurs qu'aux travaux forcés.

A propos de cette pluie de faux or, il est temps de soulever une question qui, si elle est résolue logiquement, amènera l'un des deux résultats que je vais expliquer plus loin, dans des lois que je respecte et que j'observe tant qu'elles existent, mais pour l'abrogation desquelles il ne m'est pas défendu de faire des vœux humblement exprimés.

Qu'est-ce que l'argent? et pourquoi l'a-t-on inventé?

C'est le signe représentatif du travail et de la richesse. C'est un procédé pour faciliter les échanges. Cherchons quelques exemples.

Supposons que l'argent n'est pas encore inventé.

DIALOGUE.

JEAN.

Dis donc, Pierre, j'ai beaucoup de blé, mais j'ai beau avoir du blé, ça ne me permet pas de faire une soupe aux lentilles, dont ma femme a si fort envie que je crains que son petit n'en soit défiguré.

PIERRE.

Moi, j'ai beaucoup de lentilles, mais je n'ai pas de blé. Donne-moi du blé pour des lentilles.

JEAN.

Volontiers. Voici plein mon chapeau de blé, donne-moi plein mon chapeau de lentilles.

Jusque-là l'échange est facile, et on ne sent pas le besoin de l'argent.

AUTRE DIALOGUE.

ANDRÉ.

Holà! Chrysostome, j'ai besoin d'une paire de souliers; tu es cordonnier, je viens chez toi.

CHRYSOSTOME.

Et que me donneras-tu en échange de ma paire de souliers?

ANDRÉ.

J'ai recueilli hier le miel de mes abeilles, je te donnerai du miel.

CHRYSOSTOME.

Ça tombe mal, nous n'aimons pas le miel à la

maison; ne pourras-tu me donner des côtelettes de veau?

ANDRÉ.

Et où diable veux-tu que je prenne des côtelettes de veau?

CHRYSOSTOME.

Mais... à droite et à gauche du fils d'une vache.

ANDRÉ.

Je n'ai pas de veau.

CHRYSOSTOME.

Et moi je ne veux pas de miel.

ANDRÉ.

Comment faire?

CHRYSOSTOME.

Va-t'en à deux lieues d'ici, à la ville de ***, il y a là un homme qui a besoin de bois à brûler.

ANDRÉ.

Et qu'est-ce que cela me fait que cet homme ait besoin de bois à brûler?

CHRYSOSTOME.

Tu vas voir que ça te fait beaucoup. Cet homme est boucher, et a les côtelettes de veau en échange desquelles je suis prêt à te donner la paire de souliers dont tu as besoin.

ANDRÉ.

A la bonne heure, s'il avait besoin de miel !

CHRYSOSTOME.

Non, il a besoin de bois à brûler; mais à un quart de lieue là, il y a un homme qui est bûcheron et qui a du bois à brûler.

ANDRÉ.

Et il a besoin de miel ?

CHRYSOSTOME.

De miel ! il en a plus que toi ; il en recueille dans la forêt et en vend, mais il a besoin d'une cognée. Va proposer ton miel à tous les couteliers et forgerons jusqu'à ce que tu en trouves un qui ait besoin de miel ; tu donneras alors ton miel pour une cognée.

Quand tu auras la cognée, tu iras trouver le bûcheron, auquel tu la donneras pour du bois ; quand tu auras du bois, tu iras chez le boucher qui te donnera des côtelettes de veau avec lesquelles tu viendras ici, d'où tu emporteras une paire de souliers.

Ainsi fait André. Il perd trois jours ; mais il rencontre bien d'autres difficultés. Combien peut-il donner de miel pour une cognée ? combien peut-on exiger de bois contre une cognée ? combien ce bois vaut-il de côtelettes de veau ? et ensuite les souliers doivent-ils se payer d'un nombre rond de côtelettes de veau sans fractions.

Cette transaction est assez compliquée, mais cependant elle se fait.

Mais Chrysostome le cordonnier a besoin, à son tour, d'un cheval ; il va trouver un homme qui vend des chevaux et en choisit un :

— Combien veux-tu de paires de souliers pour ce cheval ?

— Quand j'en aurai pris trois ou quatre paires, dit le maquignon, j'en aurai pour longtemps. Mais je vais te dire ce dont j'ai besoin, et tu t'occuperas de me le trouver.

Il me faut de la toile pour faire des chemises, des pommes de terre, une pendule, une poularde grasse, une robe de mérinos pour ma femme, une poupée pour ma petite fille, un chapeau de feutre gris pour moi, un marteau, des tenailles et des clous, un volume qui s'appelle l'*Art du vétérinaire*, du tabac à fumer, trois casseroles de cuivre, une paire d'éperons, deux douzaines d'œufs, un fusil, des confitures d'abricots, des allumettes, du savon, etc.

Toutes choses dont j'ai besoin et que je me suis promis d'acheter au premier cheval que je vendrai.

Dieu sait que de débats s'élèvent d'abord entre Chrysostome et le maquignon relativement à la quantité de chacune des denrées si diverses qu'il est juste de donner en échange du cheval. Après douze heures de débats on tombe d'accord. Mais Chrysostome trouve de bien plus grands obstacles, outre la perte de temps.

Combien faut-il donner de paires de souliers pour une pendule? — combien pour une poularde? — et ensuite comment payer le volume de l'*Art du vétérinaire?* Chrysostome ne veut donner qu'un soulier en échange; et en vérité cela ne vaut pas davantage. — Mais que fera le libraire d'un seul soulier? — Après une journée de fatigue et de querelles, il revient trouver le maquignon. — Ton cheval me coûterait trop cher, il me faudrait un mois pour réunir ce que tu demandes ; convenons d'un certain nombre de paires de souliers, et tu te chargeras ensuite de les placer à mesure de tes besoins.

Le maquignon y consent, en se réservant d'augmenter ses prétentions sur la valeur du cheval ; et en effet qui pourrait dire combien précisément un cheval vaut de paires de souliers ?

Bref, on finit par inventer l'argent et la monnaie, et les échanges se trouvèrent simplifiés.

Chacun transforme le produit de son travail en une valeur commune, comme il faut bien faire en arithmétique. Supposez que vous ayez à additionner les sommes que voici :

12 agnelets de Jean II,
3 écus d'or de Charles VI,
2 lis d'or de Louis XIV (édit. de 1655),
4 louis au soleil,
9 louis à la croix de Malte de Louis XV,
2 louis à lunettes de Louis XVI,
7 lis d'argent de Louis XIV,
22 pièces de trente sous,
13 écus de Flandres,

9 rixdales d'Autriche,
3 gros écus du Palatinat,
32 kreutzers,
13 quadruples d'Espagne,
9 reales,
8 sequins,
3 pistoles de Milan,
3 pistoles de Venise,
3 doubles souverains de Flandres,
9 guinées,
4 florins de Georges II de Hanovre,
5 drachmes,
7 ducatons de Parme,
2 ryders de Hollande,
6 cruzades de Portugal,
14 carlins de Naples,
16 piastres de Constantinople,
100 boudjous d'Afrique,
22 dollars d'Amérique,

9 tigo-gin
3 roupies } du Japon,
4 pagodes

10 tomans de Perse,

2 roubles
13 kopecks } de Russie,

200 liards,
300 deniers,
100 sols parisis,
21 gros,
2 livres tournois, etc.

Il faudra bien commencer par ramener ces monnaies diverses à une seule et même monnaie.

Il s'ensuit que l'argent du cordonnier représente des souliers et des bottes sous une certaine forme convenue ; que mon argent est, en réalité, un manuscrit auquel j'ai donné un aspect plus commode ; que l'argent de l'ouvrier est la sueur monnayée pour la facilité des transactions. Quand un de nous trois donne de l'argent à un marchand, c'est, en réalité, des souliers, des manuscrits, de la sueur qu'il lui donne.

Or, si tel marchand donne de faux café, de fausse farine, de fausse bougie, de faux drap, de faux sucre, quel droit a-t-il à ce qu'on lui donne de vrais souliers, de vrais manuscrits, de vraie sueur?

Si un de nous trois donne des pièces fausses en échange de ces fausses denrées, c'est comme s'il donnait de faux souliers, de faux manuscrits, de fausse sueur, en échange de faux sucre, de faux drap, de faux café ; l'échange serait parfaitement égal.

Aucun des contractants n'aurait en réalité droit de se plaindre.

Mais la société et la loi qui la protége interviennent nécessairement.

La logique et le bon sens disent que celui qui a donné une pièce fausse, —c'est-à-dire de faux souliers en échange de faux café, — a commis précisément le même crime que celui qui a livré le faux café, avec cette différence, cependant, que, s'ils n'étaient qu'eux deux, l'homme au café serait seul coupable, qui aurait commencé, et l'homme à la fausse monnaie serait dans son droit ; mais, comme je le disais tout à l'heure, la société et la loi sont d'un autre avis, et ont raison.

Seulement, et nous voici arrivés au sujet de mon discours, le magistrat, grâce à des synonymes malheureusement introduits dans la loi, se trouve inégalement armé contre deux actions identiques.

A celui qui a vendu de faux café il ne peut appliquer, si la chose est entourée de beaucoup de circonstances aggravantes, qu'une amende et quelques mois de prison ; tandis qu'il lui est très-difficile de ne pas envoyer aux galères celui qui aura donné de fausse sueur sous la forme d'une fausse pièce de monnaie, en échange de faux café.

La plupart des magistrats forment des vœux comme moi pour que la loi aussi arrive à une « unité de monnaie. » Et dans l'application d'une loi qu'il faut appliquer et respecter tant qu'elle n'est pas abrogée par une autre, ils s'efforcent de se placer aux deux extrémités de la pénalité ; ils appliquent la moindre possible aux uns et poussent la peine des autres à la dernière limite permise, mais c'est encore bien loin même d'une apparence d'égalité.

Cependant, logiquement, il faut ou que l'on abaisse la peine des faux monnayeurs au niveau de la peine des fabricants de fausses denrées ; ou, ce qui serait mieux dans l'intérêt de la société, que l'on élève les peines des derniers au niveau de la peine encourue par les autres.

Pour cela, il faudra qu'un beau jour la loi repousse tous les synonymes qui jettent tant de troubles dans l'appréciation des faits, et de molle incertitude dans la répression de quelques-uns.

Que la loi ne permette plus à certains voleurs de s'appeler vendeurs à faux poids ; qu'elle ne permette plus à certains empoisonneurs de s'intituler agréablement « sophistiqueurs ; » « qu'elle dise : « Celui qui donne de faux café fait précisément la même chose que celui qui donne une fausse pièce de monnaie.

» Le marchand qui vole est un voleur ; le marchand qui empoisonne est un empoisonneur.

» L'épicier qui vole son client fait le même crime que le client qui vole l'épicier.

» Un buveur qui empoisonnerait le marchand de vin du coin serait aussi coupable, mais pas davantage, que le marchand de vin qui empoisonne le buveur. »

Et alors la loi protégera plus efficacement la société tout entière ; et elle protégera surtout les vrais commerçants, les commerçants honnêtes, qui sont nos alliés dans cette guerre, et qui ne m'épargnent ni les encouragements ni les actions de grâce.

Je termine ce discours comme je l'ai commencé : Ah ! vous aviez cru qu'on vous payerait toujours votre faux vin, votre faux café, votre fausse farine avec de vraie sueur, c'est-à-dire avec de vrai argent !

Il se fait dans les églises, même les plus coquettes, dans celles où le service se célèbre avec le plus de pompe, une économie que l'on pourrait sans injustice intituler économie de bouts de chandelles.

Les cérémonies de l'église catholique s'adressent au cœur, à l'esprit, aux sens mêmes, pour causer une sorte d'extase et de ravissement religieux qui a un grand charme pour les âmes tendres, pour les imaginations ardentes, pour les organisations délicates et poétiques. Les splendides décorations des autels, les riches costumes des prêtres, la lumière adoucie, tamisée et décomposée à travers les vitraux ; l'encens, l'orgue, les chants, les sermons éloquents, tout concourt à émouvoir le cœur et à charmer l'esprit.

Pourquoi l'avidité de quelques subalternes vient-elle déranger et réveiller l'imagination? La loueuse de chaises et les quêteurs arrivent tour à tour vous tirer de l'extase et du ciel par la manche. Il serait décent que les fidèles riches missent les temples si dorés en état d'acheter deux ou trois cents chaises à trente sous, dont on donnerait ensuite l'usage gratuit aux mêmes fidèles et aux autres.

Les quêtes ne se feraient-elles pas plus décemment par les troncs placés aux portes?

Si quelqu'un, par un intérêt personnel, causait, au milieu d'une cérémonie religieuse, la vingtième partie du trouble qu'y causent les quêteurs et les loueuses de chaises, on le jetterait à la porte, et on ferait bien.

Revenons à l'économie des bouts de chandelles que j'ai annoncée.

A peine le service est terminé, la foule ne fait que commencer à s'ébranler, les esprits sont encore émus, les oreilles remplies, que des subalternes montent sur les autels, marchent parmi les fleurs, les roses, etc., et se hâtent d'éteindre les cierges et les bougies.

Si au théâtre on faisait relever le rideau et paraître les pompiers avant que le public fût parti, ce public se ferait un vrai et légitime plaisir de siffler. On n'aime pas toujours à voir les coulisses du drame qui vient de vous émouvoir.

Il se trouve des bienfaiteurs pour donner aux églises des tableaux de grand prix, des chasubles d'or et des rochets de dentelles aux prêtres. Allons, essayons, on trouverait bien dans les églises des souscripteurs pour donner des chaises.

Essayez. — Que le curé au prône dise : « Mes paroissiens, l'usage de venir au milieu du service divin réclamer le loyer des chaises, est fâcheux ; — que chacun de vous donne à l'église le prix d'une chaise; que ceux qui sont riches ou que cet usage choque le plus en donnent deux ou trois ou dix. — Cinquante-deux dimanches, les fêtes, l'augmentation du prix des chaises à certaines solennités, vous font payer le loyer de votre chaise, dont la propriété vaut quarante sous, quelque chose comme 8 ou 9 fr.; — ce sera un bienfait économique. Dimanche prochain, on fera une quête pour que notre église puisse acheter des chaises ; et cet usage de chaque jour qui nuit au recueillement, disparaîtra à tout jamais.

Je gage que cela aurait un plein succès, et cependant on ne le fera probablement pas.

S'il se trouvait par hasard un juge prévaricateur et qu'on lui reprochât le plus grand crime qu'il soit donné à l'homme de commettre : l'injustice de la justice, — crime pour lequel je professe une telle horreur, je dirai plus, une telle haine, que, moi qui suis en général pour la mansuétude, je ne trouve pas exagérée la peine qu'inflige Cambyse à un juge corrompu dont il fit clouer la peau sur le siége de son successeur ; — si l'on reprochait à un pareil juge son iniquité, il ne manquerait pas de s'écrier que l'on attaque la justice en sa personne.

Ainsi des mauvais prêtres, qui prétendent que vous insultez la religion quand vous défendez la religion contre leurs insultes.

Les Américains, ce peuple d'affaires, ce peuple qui serait libre sans la tyrannie de certains préjugés, de certaines intolérances et de certaines coutumes qui sont le seul retard et peut-être le seul obstacle au très-grand rôle qu'il est appelé à jouer; les Américains aiment l'argent, mais ils aiment mieux le temps que l'argent : le temps fait de l'argent, et c'est la seule chose qu'on ne puisse acheter avec de l'argent. N'en pouvant acheter, ils l'économisent, et en ont ainsi à leur disposition plus que les autres peuples.

Par suite de cet esprit parcimonieux à l'égard du temps, ils ont imaginé pour certains cas un mode de correspondance dont les premiers spécimens ont causé en France un étonnement mêlé d'un peu de gaieté. Réalisant cette pensée du Romain qui aurait voulu avoir une maison de verre, convaincus d'ailleurs que leurs compatriotes sont comme eux trop occupés de leurs propres affaires pour s'arrêter et perdre du temps (du temps !) aux affaires des autres, au lieu, par exemple, d'écrire, de plier, de cacheter et d'adresser douze lettres d'invitation pour un dîner, ils envoient à un journal une note ainsi conçue : « M. Sanderson prie ses amis MM. Mordaunt, Cooper, Williamson, etc., de venir manger un chevreuil chez lui, le mardi 14 septembre, à six heures précises : il y aura une sauce verte. »

Ce mode a un autre avantage, c'est que si

MM. Mordaunt, Cooper ou Williamson sont en voyage, comme ils ne manquent pas de lire le journal tous les matins, l'invitation leur parvient plus vite que par une lettre. C'est à cet avantage que l'on doit attribuer des annonces comme celles-ci, que je répète de confiance pour les avoir vu citées, sans les avoir lues dans le texte original :

« M. Ed. Johnston supplie sa chère Ellen de ne pas l'oublier dans cette douloureuse absence. »

« Madame veuve Massachusets fait savoir à ses nombreux amis que la forte colique qui l'avait assaillie après son dîner de fête, mercredi dernier, n'a eu aucun résultat fâcheux. »

« Mademoiselle Ida Dease prie M. Richard Simpson de lui dire, oui ou non, s'il est décidé à l'épouser, parce qu'il se présente un autre parti pour elle. »

Cette façon de correspondre, qui a d'abord excité la surprise et un peu d'hilarité en France, est aujourd'hui sur le point de s'y établir. Je pense être agréable à mes lecteurs en leur en signalant des symptômes certains que j'en ai récemment découverts. L'extension de ces confidences à trente-cinq mille exemplaires ne pourra que donner aux journaux un surcroît d'intérêt. Une autre cause tend nécessairement à développer cette manifestation publique des sentiments secrets ; cette cause, la voici :

J'ai signalé, il y a déjà longtemps, une révolution opérée dans nos mœurs.

Autrefois, les femmes déçues dans leurs espérances, réveillées en sursaut dans leurs rêves, les femmes trompées ou les femmes qui avaient trompé avec des suites fâcheuses, avaient coutume d'entrer en religion; aujourd'hui, elles entrent en feuilleton, et s'empressent de verser leurs pudiques confidences et les larmes d'un cœur profondément blessé dans l'âme des trois cent mille lecteurs d'un journal bien placé.

Celles qui ne peuvent obtenir, dans les recueils périodiques et les journaux, l'accueil souhaité, ont recours d'ordinaire aux moyens les plus violents pour y suppléer. Elles louent des livres dans les cabinets de lecture, et, s'emparant des marges blanches, elles y tracent leurs impressions personnelles. Le plus souvent elles prennent l'auteur à partie, et l'attaquent avec une aimable vivacité. Comme elles ont soin de choisir pour champ de bataille, ou plutôt pour arène, les marges des livres les plus en vogue du moment, elles se trouvent pouvoir compter sur un public nombreux et un auditoire satisfaisant.

C'est ainsi qu'en parcourant ces livres, le lecteur se trouve tout à coup interrompu au moment le plus intéressant par une note manuscrite qui lui crie : « Pour énoncer des sentiments aussi désenchanteurs sur l'amour, il faut que vous ayez été bien trompé, monsieur. »

Ou bien :

« N'avez-vous donc jamais rencontré, ô poëte ! une âme sœur de la vôtre ? une femme constante et dévouée comme il en est encore quelques-unes ? »

Ou bien :

« Non, il n'est pas au monde de femme pareille à ce monstre de Clotilde ! Pour tracer d'une femme un semblable portrait, il faut que l'auteur n'ait ni une sœur ni une mère. »

Ou bien encore :

« Et moi aussi j'en ai versé des larmes amères, et sans qu'une main amie vînt panser les plaies de mon cœur. »

Mais quelques libraires se fâchent, et non-seulement exigent le prix des exemplaires gâtés, mais encore les détruisent et les retirent de la circulation. De sorte qu'il faut renoncer à se faire entendre de l'auditoire rassemblé par l'auteur choisi.

Mais, comme je le disais tout à l'heure, un débouché s'ouvre à ces âmes qui ont besoin de s'épancher.

Quelques recueils périodiques ont imaginé d'établir à leur dernière page un article intitulé *Correspondance*, dans lequel, en une ou deux lignes, ils répondent sommairement aux lettres qui leur sont adressées. Ils épargnent ainsi de longues lettres à écrire, à plier, à cacheter, etc.

Mais on se figurerait difficilement quelle influence a sur le style des lettres adressées à ces journaux la pensée de celles qui les écrivent, que si ces épîtres ne passent pas sous les yeux du public, du moins il en sera fait mention, et que les lecteurs intelligents pourront, par la réponse, reconstruire la demande.

C'est à un travail de ce genre que je me suis livré, afin de vous en soumettre le résultat. Au moyen d'une réponse trouvée à l'article *Correspondance* d'un journal destiné à l'instruction de la jeunesse du beau sexe, j'ai reconstruit la lettre à laquelle on répond, comme Cuvier, avec trois os d'un *dynothe-*

rium giganteum, reproduisit le squelette entier de cette bête antédiluvienne. J'ai la conscience d'avoir apporté tout le soin possible à cette œuvre d'archéologie.

L'ardeur avec laquelle on profite du débouché qu'offre l'article *Correspondance* une fois constatée, il n'est pas douteux que les journaux n'offrent très-avantageusement pour eux une partie de leur quatrième page à ces correspondants à l'américaine dont je parlais en commençant ce chapitre, où les gens correspondent entre eux au lieu de correspondre avec le journal.

Le recueil cité, en répondant à ses correspondantes, a coutume de citer le début de la lettre à laquelle il répond.

On comprend combien ce début est alors soigné, et comment, sachant que seul il aura les honneurs de l'impression, on tâche d'y mettre son âme tout entière, et d'y montrer à la fois infiniment d'esprit, de sensibilité, de finesse et de distinction.

Ainsi la lettre que j'ai reconstruite commence par ces mots qui sont cités dans la réponse : « De ma sombre solitude. »

Eh bien ! après avoir examiné, pesé, retourné tous les mots, de la réponse que je vous soumettrai ultérieurement, il est impossible que la lettre n'ait pas été ainsi conçue :

« Madame,

» De ma sombre solitude où m'enferme un deuil qui a détruit toutes mes espérances en tranchant dans leur fleur les jours d'un objet aimé, je m'adresse à vous pour obtenir quelques renseignements. Comme il faudra que quelque jour je sorte de cette solitude sombre où il m'eût été doux de cacher une existence désormais décolorée, je voudrais savoir si je dois porter un mantelet, un *talma* ou un châle long. — Quel est le plus « deuil? »

» Ensuite, comme il viendra un jour, hélas! où je ne devrai plus manifester au dehors un deuil qui sera éternel dans mon âme, je voudrais savoir pour cette épreuve :

» 1° Sur quel côté il convient de plier les cachemires ;

» 2° Quelle est la manière la plus *comme il faut* de les attacher.

» Revenons à mon deuil :

» Quelles sont les prescriptions de la mode relativement aux mouchoirs destinés à étancher mes larmes amères?

» Puis-je tenir à la main ce mouchoir humide sans manquer à la mode du moment?

» Autre question pour l'époque redoutée où la tyrannie du monde, me forçant de jeter mon deuil aux orties, j'aurai à rendre des visites.

» Tirez-moi d'un doute : On m'assure qu'il n'est plus d'usage de *corner* les cartes que l'on porte soi-même.

» Si on les plie, de quel côté faut-il les plier, et quelle est exactement la largeur à donner au pli?

» Agréez, madame, etc. »

Voici la réponse :

« *De ma sombre solitude.*

» Évidemment *qu'un* châle long est toujours plus *grand deuil* qu'une *confection quelconque.*

» Ces sortes de châles, par la raison qu'ils sont *grand deuil*, se portent avec *moins de prétention* que les cachemires.

» Pour répondre à votre question, je vous dirai que le plus souvent les cachemires se replient sur le côté droit. On les fixe près du cou par une longue épingle à tête de fantaisie.

» Du reste, ces sortes de châles sont très-difficiles à porter gracieusement.

» Les mouchoirs de deuil se font à vignettes noires, ou bien brodés en soie noire. Les tenir à la main donne toujours l'air un peu toilette.

» Quelques personnes font encore un pli aux cartes de visite. La plupart se replient du côté droit; le pli doit avoir un demi-centimètre de longueur. »

Il y aurait bien quelques commentaires à faire sur la lettre et la réponse pour achever mon œuvre et la rendre utile à la *jeunesse du beau sexe*, à l'éducation duquel est consacré le recueil auquel j'emprunte cette intéressante correspondance.

On pourrait dire aux jeunes lectrices dudit recueil que ces minuties n'ont aucune importance pour les femmes sensées; qu'il ne faut obéir à la mode que dans ses lois générales, et non dans ses ordonnances de détail; que, pour être tout à fait raisonnable, il faudrait choisir les formes et les couleurs qui vont le mieux à chacune, et prendre pour le reste conseil de la décence, de la modestie et de la situation où le sort les a placées;

Que toutes ces petites révolutions sont imaginées par la vanité maladroite des femmes et par l'avidité adroite des couturières ; que si la mode ne vaut pas la peine qu'on l'attaque de front, elle vaut encore moins la peine qu'on s'y soumette servilement ;

Qu'il n'y a besoin de suivre que les grandes révolutions, et qu'il n'est pas vrai qu'une femme soit « bien mise » qui est des premières à se soumettre aux diverses petites niaiseries qu'imaginent les couturières et les marchandes de modes, dans l'unique but de leur faire acheter de nouveaux chapeaux et de nouvelles jupes, avant que les chapeaux et les jupes qu'elles viennent d'acheter soient usés et même aient perdu leur fraîcheur ; qu'une femme qui n'est pas précisément à la mode peut être élégante et distinguée, mais qu'elle ne sera ni l'une ni l'autre en étant trop à la mode.

Peut-être ne serait-il pas mauvais également de faire remarquer aux jeunes lectrices dudit journal,

Qu'il n'est pas correct de dire que tel ou tel vêtement est *deuil*, non plus que l'*évidemment que*...; qu'il n'est ni de bon goût ni du langage de la bonne société d'adopter l'argot des couturières et des marchandes de modes ; qu'appeler *une confection quel-*

conque un vêtement quelconque vendu dans les boutiques qui s'intitulent *maisons de confection*, est une locution qui appartient à un argot et ne doit pas être empruntée;

Qu'une femme comme il faut ne porte rien *avec prétention;* — que porter avec plus de prétention un cachemire qu'un autre châle moins cher est le comble du ridicule et du mauvais goût;

Qu'enfin, si je ne conseille pas en général l'insurrection complète contre la mode, il est évident que s'y astreindre dans les détails et les minuties de la toilette et des usages, qu'attacher, par exemple, toutes, le châle de la même manière, avec une épingle pareille, ou de faire à ses cartes un pli précisément du même nombre de centimètres, c'est perdre toute individualité, c'est faire de toutes les femmes un certain nombre de poupées à ressort, toutes coulées dans le même moule.

Il serait peut-être bon également de faire une dernière observation relativement aux prescriptions à propos du mouchoir, qu'édicte l'austère institutrice qui consacre ses laborieux loisirs à préparer à la génération future des femmes sensées et de bonnes mères de famille.

Je sais bien qu'il n'est pas correct de dire que
« tenir le mouchoir à la main donne l'air *un peu
toilette,* » mais je ne sais pas si le précepte est accepté, sauf sa rédaction.

Eh bien! je dirai que, si la mode décide cela,
c'est bien une de ses plus sottes et de ses plus cocasses inventions. Tout tyran est un peu ridicule et
devient inévitablement Shahabaham ; la mode est
un tyran et n'en est pas plus exempte que les autres.

Le mouchoir est destiné à la satisfaction d'une de
ces nécessités que les gens bien élevés se cachent
entre eux de leur mieux. L'ancienne civilité voulait
qu'on se servît du mouchoir à la dérobée, sans
bruit, avec une adroite dissimulation. Que ce soit
« plus ou moins toilette, » il serait convenable de
ne pas arborer le mouchoir inutilement. On n'élude
pas ce précepte en ornant le mouchoir de dentelles
et de broderies. Un pot de nuit en porcelaine de
Saxe n'en est pas moins un pot de nuit. Thersite
se fût affublé du manteau d'Agamemnon, qu'il n'en
eût pas moins été Thersite.

Je lis avec grand plaisir dans le *Journal du Havre*
que mon filleul, le bateau des pilotes l'*Alphonse-*

Karr, a remporté deux prix aux dernières régates dans la baie de Sainte-Adresse. Je mêle de loin mes applaudissements à ceux qui ont accueilli les braves marins qui le montaient.

Je me suis permis quelquefois de reprocher à certains orateurs judiciaires de se tenir parfois un peu trop sur des hauteurs inaccessibles au commun de l'humanité.

J'aime assez à sentir l'homme dans le magistrat qui me juge, et savoir que si la haute vertu l'a garanti des précipices dans lesquels je suis tombé, il les a côtoyés du moins, en a mesuré de l'œil les profondeurs, a senti l'attrait vertigineux qui m'y a attiré, et peut se rappeler par observation que les pieds y glissent facilement. Si je devais être jugé par des anges, je me laisserais plutôt condamner par contumace. Les moralistes qui font une règle commune, à la hauteur de leur propre et inflexible vertu, me paraissent des mécaniciens qui résolvent des problèmes sur le papier, au fond de leur cabinet.

Ces mécaniciens ont pour habitude de trouver le mouvement perpétuel et de prendre un brevet.

Mais quand vient l'exécution de la machine, il

arrive que les frottements et l'usure, sur lesquels ils n'avaient pas compté, empêchent ladite machine de marcher.

Il en est de même de la vertu absolue, de la vertu rigide dont les magistrats offrent l'exemple : si elle ne les empêche pas d'avoir pour l'homme l'indulgence légitime, elle les empêche du moins de la faire espérer, et c'est un tort.

J'ai constaté ce qu'il y avait de franc, d'humain, de rassurant dans les paroles d'un magistrat anglais qui, répondant à un accusé qui attribuait à l'amour je ne veux plus savoir quelle infamie, s'écria : « Ne calomniez pas l'amour ! l'amour est un sentiment honnête, noble et élevé ! » J'ai constaté aussi qu'un magistrat français avait parlé de l'amour en termes humains. En effet, il est d'usage et presque de costume, au palais, de ne parler de l'amour qu'en termes dédaigneux et d'un air dégoûté.

Beaucoup de moralistes agissent de même, et de là ces grandes vertus qui ne peuvent pas plus servir de règle aux gredins que nous sommes, que l'armure de François Ier ne peut être portée par notre race dégénérée.

Je ne citerai pas à ces moralistes les deux fables des deux renards, l'un qui trouve les raisins verts, l'autre qui avait perdu sa queue à la bataille.

Qu'ils continuent à exciter notre admiration par l'austérité connue de leur vie privée, mais que cependant ils nous laissent penser qu'ils comprennent les passions dont ils ont triomphé à force de vertu, et que pour l'amour, par exemple, ils cessent de l'appeler de toutes sortes de sobriquets fâcheux, qu'ils lui appliquent comme l'hôte d'Orgon jette son mouchoir sur le sein de Dorine.

J'aime que le magistrat, comme le poëte latin, me dise : « Je suis homme, et rien de ce qui appartient à l'homme ne m'est étranger. »

Je n'ai certes pas de semblables reproches à adresser aux honorables magistrats qui composaient le tribunal correctionnel de Marseille.

Il s'agissait d'une de ces affaires si communes aujourd'hui, de mines sans charbon, d'inventeurs sans inventions, de mise en actions des brouillards de la Seine et de châteaux en Espagne, etc., dont un fameux industriel expliquait ainsi la théorie : « Prenez rien du tout, annoncez-le hardiment, et vous en vendrez tant que vous voudrez. »

Voici en résumé quel fut le jugement :

« Attendu que la conduite de *** révèle un de c es aventuriers en industrie, etc.;

» Mais attendu l'enivrement actuel des esprits pour les affaires industrielles, qui bien souvent ne sont prises au sérieux ni par les fondateurs ni par les actionnaires; où les uns ne cherchent qu'une position avantageuse et un moyen de vendre fort chèrement des procédés ou des objets sans valeur réelle, et les autres qu'un aliment au jeu de la bourse et de l'agiotage ;

» Le tribunal croit devoir admettre des circonstances atténuantes, et ne condamne *** qu'à trois mois de prison et 500 fr. d'amende, etc. »

Qu'il pourra d'autant plus facilement payer qu'il a mis 250,000 fr. dans sa poche.

De ce jugement résultait la constatation que, dans beaucoup de ces affaires, les actionnaires ne sont nullement dupes; qu'ils achètent sciemment de mauvaises actions, de mauvaises obligations, qu'ils savent revendre à d'autres avec bénéfice.

Dans beaucoup de ces affaires que l'on s'arrache, mettez une petite clause, à savoir que les titres seront nominatifs, et que ceux qui les achèteront les garderont, vous ne trouverez pas trois sous là où vous avez eu plus d'argent que vous n'en demandiez.

Mais il résultait surtout du jugement précité que le niveau, l'*étiage,* comme on dit sur les ponts, de la probité publique avait quelque peu changé;

Qu'un peu de filouterie était tellement entré dans les mœurs, que c'était devenu en quelque sorte un état normal qu'on devait prendre en considération, de même qu'il a fallu au physique abaisser la taille fixée autrefois pour l'aptitude au service militaire.

Lors de l'exposition universelle, des récompenses ont été données pour des broderies exécutées à un prix plus bas qu'on ne l'avait fait jusqu'ici.

Je crois que le jury a très-bien apprécié les choses matériellement, mais que, philosophiquement, il s'est trompé.

Il n'est d'aucun intérêt que les objets purement de luxe soient à bon marché, et il peut y avoir beaucoup de raisons, au contraire, pour qu'ils restent à un prix relativement élevé.

Il est un degré de bon marché qu'il est triste de voir atteindre, c'est celui où le travail risque de ne plus nourrir ceux qui le font.

En effet, voici ce qui arrive parfois dans quelques industries.

D'abord, on perfectionne les moyens d'exécution, bien ; ensuite, on perfectionne la production des matières premières en en abaissant le prix, très-bien.

Mais arrivés à ce point, les uns plus tôt, les autres plus tard, les marchands qui se partagent la clientèle se regardent avec inquiétude : Que faire désormais pour prendre la tête et offrir la marchandise à plus bas prix que ses confrères ?

On triche un peu sur la matière première, on glisse du coton dans la laine, puis on ne laisse plus qu'un peu de laine dans le coton,—ou toute autre fraude ; — je cite celle-là pour en citer une, car, diable merci ! ce n'est certes pas la seule.

Puis ceux qui sont en retard, par innocence, ou hésitation de la vertu, ou maladresse, ou toute autre cause, ne tardent que plus ou moins de temps à rattraper les premiers ; — beaucoup, je le crois, aimeraient bien mieux ne pas frauder, mais cette vertu ne leur procurerait que le martyre inévitable de la ruine et de la faillite.

Or, par l'effet même de cette fraude commune, on se trouve encore *ex-æquo*, c'est-à-dire se partageant à peu près également la *pratique*.

On se regarde encore avec inquiétude, car, grâce à l'encombrement de toutes les professions, hormis celle d'agriculteur qui manque de bras et de têtes, il n'y a qu'un certain nombre de gens d'une profession qui peuvent prospérer. Supposez pour presque toutes les industries un partage égal du public, et tous auraient à se plaindre ; c'est donc une lutte à mort qui est engagée.

Il n'y a plus moyen d'abaisser le prix des matières premières.

Toutes les formes de la fraude sont épuisées pour ceux qui ont eu recours à ce genre d'expédients.

Pour les marchands de ces divers genres, leur situation est la même qu'avant leurs efforts désespérés ; ils ne sont pas plus avancés que lorsqu'ils donnaient de bonnes marchandises et payaient convenablement leurs ouvriers.

J'ai souvent signalé avec chagrin, mais sans résultat jusqu'ici, l'envahissement par les hommes de tous les métiers qui pouvaient faire vivre les femmes.

Certes, ce n'est pas du jour au lendemain que les choses peuvent changer. Avant de rendre aux femmes les places usurpées, il faudrait ouvrir aux hommes des carrières productives, honorables, dans l'agriculture comme dans l'industrie.

Quand nous en serons là, nous ne verrons plus les hommes se faire couturières, tailleuses, servantes d'établissements publics, plieuses et déplieuses d'étoffes dans les magasins, demoiselles de boutique, etc. ; car ces substantifs ne devraient pas avoir de masculin.

L'agriculture comme l'industrie leur offrira, avec un avenir meilleur, l'emploi de leurs forces et de leur intelligence.

Pour en revenir à la broderie, dont je ne me suis pas tant écarté que j'en ai eu l'air, c'est une des professions à peu près laissées aux femmes jusqu'ici ; si les hommes s'en occupent, ce n'est qu'exceptionnellement. Eh bien ! les pauvres ouvrières n'en sont guères plus heureuses pour cela, et ce n'est peut-être qu'à cause du peu de produit de cette profession que les hommes ne l'ont pas encore envahie.

C'est parmi les *dames* que les brodeuses trouvent une concurrence terrible et sans limites, car ces concurrentes réalisent le vœu et résolvent le problème dont je parlais tout à l'heure : d'ouvriers qui ne mangent pas. En effet, les très-nombreuses *dames* et *demoiselles* qui font de la broderie et de la tapisserie, sauf quelques respectables exceptions, ne demandent au travail qu'un supplément et un appoint à des ressources insuffisantes, soit par leur exiguïté, soit par les désirs de celles qui veulent les augmenter.

Pour ce qui est des respectables exceptions dont je parlais tout à l'heure, pour les femmes et les filles qui, par leur naissance et leur éducation, auraient dû ne pas devenir ouvrières, mais qui, après des revers de fortune, demandent uniquement leurs ressources au travail, elles ont les mêmes intérêts que les ouvrières ordinaires, et je plaide pour les unes en même temps que pour les autres.

Celles dont la concurrence est dangereuse et mortelle pour les ouvrières, ce sont *les dames et les demoiselles* qui ne demandent à la broderie qu'un appoint de revenu. Celles-ci peuvent subir et offrir aux marchands des rabais qui ne tardent pas à devenir le type et la règle que les marchands imposent aux autres, et créent la ruine et la misère pour celles-ci.

Certes, je ne blâme pas les femmes peu riches qui cherchent un supplément de revenu dans un travail honnête, délicat, féminin ; ce que je leur demanderais, — et je pense qu'elles n'ont besoin pour cela que d'être averties, — ce serait de penser que le prix auquel elles travaillent sert ensuite de régulateur pour les ouvrières qui n'ont pas d'autres ressources; qu'un rabais qui peut leur paraître insignifiant entame peut-être le pain d'une famille et décide peut-être une pauvre fille découragée à céder aux obsessions du vice.

Il serait facile à toute *dame* qui consacre quelques heures chaque jour à la broderie de calculer combien lui rapporterait sa journée entière, et de ne pas aider à faire descendre le prix de ce travail au-dessous d'une certaine somme pour la journée. Il serait également facile de se renseigner auprès des brodeuses de profession.

Il devrait surtout être créé, dans chaque ville, un conseil composé de marchands et de brodeuses, où l'on discuterait et fixerait le prix du travail.

Voilà pourquoi je pense que le jury de l'exposition s'est trompé en récompensant, et, conséquemment, en encourageant le bon marché auquel les ouvrières de je ne sais plus quelle ville ont livré leurs broderies.

Il est certain que cela amènera un rabais forcé sur le travail de toutes les brodeuses, même dans les villes où, pour une cause quelconque, la cherté des subsistances, celle des loyers, ou toute autre, les ouvrières étaient déjà arrivées au dernier terme possible de bon marché.

J'ai lu autrefois en allemand l'histoire d'un demi-coquin de Saltzbourg (en Autriche) qui s'en alla consulter « monsieur l'avocat. » Il s'agissait d'un bout de pré qu'il prétendait lui appartenir.

M. l'avocat écouta, et dit :

— Votre cause et mauvaise, mon ami ; voici l'article du code qui vous condamne.

— Un pré si bon, dit le paysan ; un foin que vous n'en sauriez manger de meilleur.

— L'article est formel, dit le conseiller.

Et feuilletant un gros volume, il montre au paysan autrichien un article qui en effet prononçait l'affaire contre lui.

— C'est écrit là ? dit le paysan.
— En toutes lettres.
— Tarteuffel !
— Réfléchissez, dit le conseiller, je ne plaiderai

pas une mauvaise cause sans vous prendre un peu plus cher.

Un avocat français aurait dit : « Je ne plaiderai cette cause à aucun prix, » car on sait qu'en France on ne trouve d'avocats que pour les bonnes causes. L'avocat défend la veuve et l'orphelin, mais jamais il n'y a d'avocats pour les attaquer.

Les avocats qui ont l'air d'avoir accepté de mauvaises causes sont nommés d'office par le tribunal, et ne sont pas payés.

D'ailleurs, il est encore possible de prêter beaucoup de choses à l'Autriche.

De tout temps nous avons eu en France un peuple voué à nos menus plaisirs. Mais aujourd'hui, grâce à toutes sortes d'alliances, et de convenances, il nous faut presque rire entre nous et de nous-mêmes. Il y a des gens auxquels il reste une ressource : insulter les exilés et les absents ; c'est plus prudent qu'honnête ; et ces gens-là sont, je l'espère, en petit nombre.

Nous n'avons plus Shahabaam et les Turcs ; nous n'avons plus les Anglais, qui ont défrayé tant de vaudevilles. Attaquer les Russes autrement que les armes à la main serait de bien mauvais goût. Le vaudeville a donc vécu l'année dernière sur les courtisanes. Mais le mélodrame, comment voulez-vous qu'il vive avec l'alliance piémontaise? Aussi qu'arrive-t-il? Plus malheureux que le vaudeville, le mélodrame n'a pas même un sujet. Avec un sujet on fait trois cents pièces. Pendant l'année qui vient de s'écouler, *portentosum!* on n'a joué qu'un seul mélodrame ! un seul !

Il n'y a donc plus pour le vaudeville et pour le mélodrame que l'Autriche; mais les Autrichiens sont des Allemands, et le caractère de l'Allemand, au théâtre, est fait comme le siége de l'abbé Vertot.

Le vaudeville aura encore Werther et Charlotte. Il aura bien encore la plaisanterie un peu ennuyeuse de la prononciation alsacienne, et la confusion des deux lettres jumelles et ménechmes P et B ; il aura le saüer-craüt et la bière.

Mais le mélodrame ! pour lui l'Allemand est coulé en bronze ; il est simple, mais bon, brusque, mais bienfaisant. Il n'y a pas moyen d'en faire un traître à stylet, à espingole, à chapeau pointu. On lui a pris son Italien ; plus de *vendetta*, plus de traître. Un mélodrame sans traître et sans niais n'est plus un mélodrame. Aussi, faute de traîtres et de niais, — au théâtre, — combien a-t-on joué de mélodrames cette année ?

Un !

Qu'a-t-on fait de ces douces larmes *pour de rire* qu'on allait verser à la Gaîté, à l'Ambigu, à la Porte-Saint-Martin ?

On ne pouvait pas les garder ; il a fallu les verser *pour de bon* sur des malheurs réels.

Donc, mon paysan et mon avocat sont autrichiens.

Reprenons donc où nous en étions, si toutefois vous vous rappelez le commencement depuis cette longue digression.

L'avocat ayant dit au paysan : « Voici là l'article du code qui vous condamne. Pour plaider une mauvaise cause, ce sera plus cher ; j'ai tant de conscience qu'on ne la corrompt pas facilement et qu'il faut y mettre le prix. »

Un autre client, un gros client, fit appeler l'avocat au salon. Il laissa le paysan seul, et lui dit :
— Je reviens dans dix minutes ; pendant ce temps, réfléchissez bien à ce que je vous ai dit.

Il sort ; le paysan attend un instant, déchire la page où se trouve l'article qui le condamne, en fait une boulette et l'avale.

L'avocat revient et dit :

— Eh bien ?
— Eh bien ! vous pouvez plaider.
— Et l'article 45 ?
— Je me moque de l'article 45. On vous donnera ce qu'il faudra, et le pré sera à moi.

—

Je ne suis pas de ceux qui ne veulent jamais reconnaître leurs torts.

J'ai peut-être été un peu loin à l'égard des fraudeurs, sophistiqueurs, vendeurs à faux poids et autres synonymes de voleurs.

Ils ont du bon.

En voici un qui a sauvé la vie à deux hommes. J'espère que le prix Montyon, — *quærens quem devoret,* — se considérera comme dûment averti. La *Gazette des Tribunaux* du 27 décembre contient les preuves. Robillard, un jeune homme, forme le projet d'empoisonner son père. L'arsenic est commun ; il avise que l'huile de vitriol (acide sulfurique) est moins usé. Il va chez un épicier et achète de l'huile de vitriol et de l'eau-de-vie pour faire ce que les amateurs appellent du *mêlé*.

Il est vrai que pour cette liqueur hybride, ils préfèrent d'ordinaire le cassis à l'huile de vitriol.

Le jeune Robillard offre à son père une goutte pour « tuer le ver, » expression militaire.

Le père Robillard accepte, boit, est empoisonné, éprouve d'horribles souffrances, mais cependant ne meurt pas.

Le jeune homme paraît devant les assises de l'Oise. Là un chimiste déclare que l'acide sulfurique (huile de vitriol) qui *doit* avoir 66 degrés est un poison corrosif au plus haut point et il s'étonne que Robillard père ne soit pas mort.

On fait paraître le marchand qui a livré l'huile de vitriol au jeune Robillard ; il avoue qu'avant de livrer l'huile de vitriol au commerce, il lui fait subir quelques modifications à la suite desquelles le *toxique* en question n'a plus que 36 degrés.

Le jury alors ne fait condamner le jeune Robillard qu'à cinq ans de prison.

Vous voyez que par la fraude sainte, la pieuse sophistication, *piè mendax!* du détaillant, Robillard et son jeune fils échappent à la mort.

Des marchands vendeurs à faux poids, sophistiqueurs et empoisonneurs, m'écrivent, avec force injures, que j'attaque le commerce, quand je ne fais que défendre le commerce contre la déconsidération que jettent sur lui ces indignes commerçants contre lesquels la loi n'arme pas assez sévèrement la justice.

Mais en même temps un grand nombre de négociants honnêtes et intelligents m'écrivent pour m'encourager dans la guerre que je soutiens. Ils ne veulent pas laisser seulement de l'argent à leurs enfants, ils veulent aussi leur laisser un nom honorable.

Ils demandent comme moi une répression sévère, non de la part des magistrats qui usent de tout ce que la loi leur permet, mais de la part d'une bonne loi qui supprime les distinctions ridicules au moyen desquelles des voleurs et des empoisonneurs s'appellent vendeurs à faux poids et sophistiqueurs, et évitent la peine qui leur est due.

Ces honnêtes et intelligents négociants me signalent aussi la complicité du public dans ces fraudes croissantes, faites à son détriment.

Le public court aveuglément, furieusement, à l'apparence du bon marché, sans s'inquiéter si on lui reprend sur la qualité et la quantité de la marchandise l'équivalent de ce qu'on lui diminue sur le prix.

Le marchand qui descend ses prix aussi bas qu'il est possible, verra sa boutique déserte et ses pratiques courir chez le voisin qui leur vendra à meilleur marché du sucre mêlé de sable par livres de 14 onces.

Le consommateur se croit très-bien servi quand il voit le plateau de la balance où est placée la marchandise descendre beaucoup au-dessous du plateau où sont les poids, sans examiner si ce poids n'est pas d'autant plus facilement entraîné qu'il est plus léger, et si le marchand ne le satisfait pas à bon marché en lui rendant ainsi la moitié de ce qu'il lui ôte. — Pour qu'une marchandise soit bien pesée, il faut que les deux plateaux soient au même niveau.

Il est évident que cet aveuglement qui encourage la fraude est la ruine des gens qui veulent commercer honnêtement ; mais qu'ils fassent ce qu'ils ont commencé à faire au sujet de la chandelle, lors de la première campagne que j'ai faite à ce sujet ; que loin de s'en prendre à moi ils réclament de l'autorité les mesures les plus sévères contre la fraude ; qu'ils dénoncent ces déguisements à mesure qu'ils se manifestent : c'est le seul moyen de conjurer leur ruine.

Mais voyez les condamnations prononcées par les tribunaux. Je prends *au hasard* les deux plus récents numéros de la *Gazette des Tribunaux* qui me tombent sous la main.

Le 2 août 1854, le tribunal correctionnel a condamné pour vol sur le poids et la mesure, pour altération dangereuse et mauvaise qualité de la marchandise, douze marchands de diverses denrées.

Le 3 août 1854, dix autres marchands.

Je regrette de n'avoir pas ici la collection, mais je vais chercher un moment les quelques numéros que je puis rencontrer.

Voici un numéro du 19 juillet. Le 19 juillet, il y a eu onze condamnations. — Le 22 juillet, il n'y en a que huit. C'est tout ce que je trouve de numéros de ce journal ; mais chacun peut faire ses observations.

Eh bien ! est-ce trop d'affirmer qu'aucune forêt mal famée n'a été le théâtre d'autant de vols en un mois que la capitale de la France l'est en un jour, en ne comptant que les vols connus exécutés par de prétendus marchands qui déshonorent et ruinent le commerce ?

Depuis le temps que j'entends les hommes se plaindre des femmes et les femmes se plaindre des hommes, il m'est venu à l'esprit que si la Providence voulait écouter un peu mes avis, elle créerait enfin un troisième sexe que les deux autres pussent aimer, puisque la haine et la guerre sont décidément éternelles entre les descendants d'Adam et d'Ève.

Mais voici bien autre chose !

Il est temps, parfaitement temps, de décider lequel des deux seuls sexes créés est décidément le meilleur et mérite d'être conservé.

Une invention nouvelle rend cette décision du plus haut intérêt et de la plus grande urgence. — Préparez vos arguments.

Il y a quelque temps, je reçus par la poste une lettre venant de Colmar.

Cette lettre était lithographiée et contenait ces mots, séparés par des intervalles destinés à mettre à la plume les réponses aux questions :

« Monsieur,

» Dans l'intérêt d'une grande solution, veuillez répondre avec précision et franchise aux questions que voici :

» Êtes-vous marié ?

» Avez-vous des enfants ?

» Combien de filles ? combien de garçons ?

» Où demeuriez-vous neuf mois avant la naissance de chacun de vos enfants ?

» Donnez l'orientation de votre chambre et des meubles qui y étaient. Votre lit avait-il la tête dans la demi-circonférence de la *rose des vents*, du nord au sud en passant par l'est ou du nord au sud en passant par l'ouest ?

» Agréez. »

J'avouerai que je ne répondis pas à cette lettre.

Je viens d'en recevoir une seconde, cette fois entièrement écrite à la main. Je ne puis la reproduire textuellement. Je me borne à l'analyser.

« Monsieur,

» Heureusement qu'il n'appartient pas à la négligence et à l'indifférence d'un seul d'empêcher le succès d'un système de la plus haute importance et la manifestation de vérités utiles à l'humanité.
» Vous n'avez pas répondu à ma lettre de... dernier. Je vous écris aujourd'hui pour vous dire que le problème dont je m'occupais alors est résolu ; c'est votre faute si vous n'avez pas pris part à cette solution. Je ne vous dirai pas, comme Henri IV à un de ses capitaines, — « Pends-toi, brave Crillon, nous avons combattu à Arques, et tu n'y étais pas ! »

cependant je ne serais pas fâché que vous eussiez quelque chagrin d'avoir pu être pour quelque chose dans la découverte la plus importante sans contredit du génie moderne, et d'y être resté étranger.

» J'ai trouvé, monsieur, bien d'autres obstacles que l'indifférence, et vous allez en juger.

» J'avais entrevu une vérité que j'avais d'abord à me prouver moi-même.

» J'avais des raisons de penser que les gens qui ont l'habitude de dormir ayant la tête placée dans la région du nord au sud, en passant par l'est, c'est-à-dire nord-nord-est, nord, nord-est, est-nord-est, sud-est, sud-sud-est, est-sud-est, sud, — je vous passe les points intermédiaires, — voyaient croître autour d'eux des familles de garçons, tandis que ceux qui dorment dans les rhombes opposés sont entourés de filles.

» Je commençai à rassembler des documents autour de moi et dans ma famille. Nous sommes quatre garçons et une fille. La fille est née assez longtemps après le troisième garçon et avant le quatrième. Je fis des recherches sur les logements qu'avait habités ma mère aux diverses époques relatives à nos naissances. Quelle fut ma joie, monsieur, quand je découvris que mes trois frères aînés étaient nés dans une maison qui appartient depuis longtemps à notre famille. J'orientai le lit où est morte ma mère ; son chevet se trouvait précisément à l'est-nord-est.

» Ma sœur me gênait beaucoup. C'est une personne peu agréable qui n'a jamais donné que des chagrins à sa famille, et j'en arrivais à me demander si elle n'aurait pas aussi bien fait de ne pas venir, par sa naissance, jeter du trouble dans la solution de l'important problème qui m'occupe. Je me disais : — Ma sœur est-elle bien une femme ? J'étais forcé de me répondre : — Oui, elle a été mariée en cette qualité, et a eu deux enfants.

» Enfin, à force de recherches, je découvris dans les souvenirs d'une vieille tante que ma mère, un peu moins d'un an avant la naissance de ma sœur, avait fait un voyage à Draguignan, où elle avait passé quelque temps. Je me rendis à Draguignan. La maison où avait demeuré ma mère n'existait plus. Dieu sait quelle peine je me donnai pour retrouver un plan de cette maison, et savoir l'emplacement qu'occupait la chambre de ma mère. Puis il me fallut aller à Avignon, où était retirée une vieille servante employée alors dans cette maison.

» Enfin j'appris que ma mère, à Draguignan, dormait dans un lit dont le chevet était au nord-ouest.

» Ma sœur était justifiée, était expliquée ; je l'embrassai de bon cœur à mon retour.

» Pour moi, j'étais né comme mes frères, dans notre maison, où ma mère dormait à l'est-nord-est.

» Après notre famille, je fis porter mes observations sur nos amis les plus intimes. Je dois dire que quelques exceptions se sont rencontrées, c'est-à-dire que telle femme qui m'affirmait avoir toujours dormi la tête au sud-est avait cependant mis des filles au monde ; que telle autre prétendait hardiment n'avoir jamais fermé l'œil que la tête à l'ouest, et cependant avait un gros garçon. Je fus d'abord embarrassé, et, je l'avouerai, je doutai un moment de mon système ; mais heureusement les doutes d'un inventeur de système ne durent jamais bien longtemps, je ne tardai pas à trouver l'explication de ces anomalies : je trouvai même plusieurs explications, et les voici : les femmes s'orientent quelquefois fort mal, et peuvent se tromper sur la position exacte de leur chevet.

» Une femme peut avoir des raisons de ne pas dire où elle a dormi.

» Elle peut l'avoir oublié. Par suite de quoi, loin d'infirmer mon système, je découvris que les exceptions apparentes qui se présentaient venaient au contraire l'étayer puissamment, et de plus, qu'il en ressortait une nouvelle application au point de vue de la morale et de la législation.

» Je dors la tête au nord-nord-est. — Je suis garçon. C'est peu important ; mais si j'étais marié, et si ma femme me donnait une fille, je n'hésiterais pas à la chasser honteusement du domicile conjugal. Une fille née d'une femme qui n'aurait jamais dormi que la tête au nord-nord-est ! Allons donc !

» Je dois dire qu'armé de cette nouvelle découverte, j'en ai appris de belles et de laides sur plusieurs membres de ma famille et sur quelques-uns de nos amis.

» Je ne pouvais cependant me borner à un petit nombre d'expériences. C'est alors que les vraies difficultés ont commencé.

» En même temps que je m'introduisais chez des étrangers sous des prétextes variés, en même temps que je me faisais donner des renseignements par des médecins, par des femmes de chambre, je fis lithographier trois mille lettres et je les adressai aux personnes dont le nom était parvenu à ma connaissance. C'est ainsi que vous en avez reçu une. Tout le monde ne m'a pas témoigné la même indifférence que vous. Quelques réponses m'ont laissé dans le doute, mais le plus grand nombre est venu corroborer la conviction et la valeur de mon système.

» Ainsi, l'un m'écrivait :

« Monsieur, ma femme aime passionnément à
» changer de place : — je ne crois pas avoir dormi
» quatre mois de suite dans le même appartement. »

» Un autre :

« Monsieur, je suis un pauvre bûcheron ; heu-
» reusement j'habite un beau pays : — je loge un
» peu dans des huttes de branches, quelquefois
» sur des tas de feuilles sèches, d'autres fois sur
» l'herbe ; — il me serait impossible de m'orienter
» chaque soir ; j'ai quinze enfants, sept filles et huit
» garçons. »

» Cette lettre était bien précieuse.

» Un autre me répondait par deux vers d'une vieille chanson :

« Je suis né dans une guérite.
» Un tambour fut mon berceau. »

» Un autre me disait :

« Monsieur, à l'époque qui peut vous intéresser
» relativement à la naissance de mon unique enfant,
» qui est une fille, j'allais en Amérique et je dor-
» mais dans une cabine de navire. Nous louvoyions

» beaucoup, et mon chevet n'a dû jamais rester sur
» un point fixe. »

» J'entamai une correspondance avec l'auteur de cette lettre ; à la suite de cette correspondance, je voulus connaître la fille qui était née pendant les oscillations si variées de l'aiguille aimantée.

» C'était miraculeux, monsieur. Elle a des moustaches, monsieur, c'est-à-dire qu'il y a eu hésitation de la part de la nature. J'ai failli l'épouser ; malheureusement, elle était fiancée. Que d'arguments précieux cette union m'eût fournis !

» Enfin, monsieur, dernièrement j'ai eu un bras cassé par le baronnet sir William G..., toujours à propos de mon système. Je ne le regrette pas, car j'ai acquis des documents que je ne crois pas avoir trop payés de cette blessure.

» Madame Ethelmonda G... a huit filles ; je me fis présenter à elle, et je tâchai de savoir dans quelle situation elle dormait. Je n'avais jamais connu d'Anglaises. Je lui parlai un jour de sa chambre à coucher. Elle se leva, me fit une révérence et disparut ; je l'attendis un quart d'heure, puis, ne la voyant pas revenir, je pris le parti de m'en aller.

» J'y retournai à quelque temps de là, et je lui dis : « Madame, la dernière fois que j'ai eu l'hon-

» neur de vous voir, quelque soin de ménage appa-
» remment a fait que vous m'avez quitté sans ré-
» pondre à une question que j'avais pris la liberté
» de vous adresser relativement à votre chambre à
» coucher. »

» Madame Ethelmonda G... se leva, me fit une profonde révérence et s'en alla. J'attendis inutilement un quart d'heure et m'en allai.

» Depuis ce jour, quand je me présentai dans la maison, on me répondit invariablement qu'il n'y avait personne.

» J'étais mis à la porte ; je résolus de n'en avoir pas le démenti et d'obtenir à tout prix le renseignement qui m'était refusé. Je m'introduisis par escalade dans la chambre de madame G... un jour que je croyais le ménage à la campagne. Mais j'étais mal informé : Madame G. était chez elle. Elle cria : « Shoking, shoking ! » Le mari entra, ne voulut pas entendre raison, m'obligea à me battre et me cassa un bras. Mais peu importe, j'avais acquis la conviction que la belle, la vertueuse madame Ethelmonda G. dormait la tête à l'ouest-nord-ouest. Ses huit filles étaient venues au monde correctement et dans leur droit, et ne dérangeaient pas mon système. Les chères enfants ! ce sont huit anges, Monsieur !

» J'estime donc mon système suffisamment établi, et je ne vous cacherai pas que je me crois fondé à considérer tous ceux qui y feraient des objections comme des ignorants, des ânes, des bélîtres, des gens sur lesquels j'appelle l'attention de l'autorité.

» Voici maintenant quelques-unes de ses applications :

» Vous avez parlé quelquefois, Monsieur, du luxe qui rend difficile et qui rendra bientôt impossible de marier les filles sans une grosse dot.

» Beaucoup de jeunes filles croient tendre des gluaux bien savants en se manifestant richement vêtues dans les assemblées et les bals. Ces splendides toilettes n'atteignent pas le but qu'elles se proposent. Beaucoup d'hommes se disent : « Aura-
» t-elle assez d'argent pour payer ces magnifi-
» cences ? » Si la réponse est négative, on se dit :
« Attendons, pour l'aimer, qu'elle soit la femme
» d'un autre. »

» Or, le célibat est un triste lot pour une femme ; ses instincts les plus impérieux et les meilleurs y sont annulés et s'atrophient.

» Il est d'ailleurs d'une bonne organisation sociale de ne pas produire au delà de la consommation. Un homme qui a peu ou point de fortune, son calcul fait, n'a qu'à orienter le lit où dort sa femme de façon que son chevet soit placé dans la région qui s'étend du nord au sud en passant par l'est, et, s'il lui vient jamais une fille, c'est que sa femme, prise d'un sommeil subit et criminel, se sera endormie ailleurs.

» Allons plus loin.

» L'agriculture manque-t-elle de bras? Une grande guerre amène-t-elle une dépense d'hommes extraordinaire? Le gouvernement, s'il est despotique, publie un ukase, ou s'il est représentatif, ordonne à ses conseillers de faire une loi par laquelle, à dater de telle époque jusqu'à telle autre, ses sujettes dormiront la tête placée du nord au sud, en passant par l'est; et l'agriculture retrouve des bras, et le drapeau des défenseurs.

» On peut ainsi, par une loi qui tournerait les chevets, suspendre la naissance des filles ; la denrée qui, au point de vue du mariage, encombre évidemment le marché, devenant plus rare, moins offerte, rendrait de la valeur aux filles, et on n'exigerait plus autant d'argent qu'on le fait aujourd'hui pour accepter le bonheur que promettent leurs charmes. Un journal (l'*Argus soissonnais*) constatait, ces jours-ci, qu'il ne s'était pas enregistré un seul mariage, je crois, dans l'espace de trois mois.

» Vous pouvez, Monsieur, réparer le tort que vous vous êtes fait à vous-même en ne répondant pas à ma première lettre, en donnant de la publicité à ce qui fait le sujet de celle-ci.

» On fait de l'horticulture, de l'agriculture, de la viticulture, de la gallinoculture, de la sériciculture, de la pisciculture. L'homoculture, il me semble, serait une science plus noble et plus élevée.

» Agréez, Monsieur, etc.

» Colmar, le .... »

Je n'ai pas inventé cette lettre. Les écrivains inventent beaucoup moins qu'on ne le croit, et ce qu'ils inventent est toujours plus faible que le reste. Mon ami G. B. racontait dernièrement qu'il m'a entendu dire : « *J'ai vécu mes romans;* » c'est vrai ; mais ce qu'il faut ajouter, c'est que la vie réelle est pleine d'invraisemblances que l'on n'a pas l'audace de mettre dans les romans. J'ai parfaitement reçu de Colmar la lettre ci-dessus imprimée ; seulement, comme elle s'est trouvée déchirée par accident, comme elle était d'ailleurs très-longue, très-diffuse, très-obscure et passablement crue dans les expressions, j'ai dû l'analyser moitié de mémoire, moitié en adoucissant les termes, en modifiant les expressions, en élucidant certains passages.

Les gens qui écrivent ne s'y tromperont pas ; on n'invente pas ces choses-là.

On finit toujours par faire ce que veulent les femmes : elles ont la faculté de n'avoir qu'une idée à la fois ; quand cette idée en vaut la peine, c'est tout simplement la meilleure partie du génie. Le monde est à ceux qui n'ont qu'une idée. J'ai connu des inventeurs, j'en ai même inventé. Eh bien, ils devaient leur puissance à ceci :

Au lieu de monnayer leur esprit comme un lingot d'or et de le dépenser à des choses variées, ils l'étiraient et en faisaient un fil ténu, mais qui les menait loin.

Qu'un homme fasse cinq cents pas dans la campagne, traversant la route, ici pour cueillir une branche d'aubépine ; là pour respirer le chèvrefeuille; plus loin pour regarder un papillon :

Il n'aura guère fait de chemin en comparaison de celui qui aura fait ses cinq cents pas dans une rue étroite ou sur une corde raide comme font les acrobates. Si vous avez une livre de plomb et que vous le fondiez en *cendrée*, puis que vous l'usiez grain à grain à tirer avec une sarbacane sur les moineaux qui piaillent sur le rebord des toits, vous ferez moins bonne chasse que celui qui chargera un tromblon de tout son plomb réduit en balles et tirera à cinq pas un sanglier. Si vous attelez quatre chevaux tout à l'entour d'un char, vous resterez en place et vous verrez partir rapidement celui qui aura attelé les siens à la file les uns des autres.

Les femmes ayant donc cette portion du génie qui est la concentration de toutes les forces sur un point donné, il faut toujours, comme je le disais en commençant, finir par faire ce qu'elles veulent. Eh bien! pourquoi ne pas commencer par là? On évite la lutte et les frais de la guerre.

Dans mes différends avec les femmes, j'ai soin de me rappeler Tamerlan.

Lorsqu'il assiégeait une ville, le premier jour il arborait un drapeau blanc, pour annoncer qu'il épargnerait les habitants si l'on se rendait à la première sommation; le second jour, un drapeau jaune indiquait qu'il fallait lui livrer les principaux habitants et la garnison; le troisième jour, un drapeau noir annonçant qu'il n'y avait plus de merci à espérer, et qu'un massacre général était décidé.

La loi ne pèche pas par l'excès de sévérité à l'égard des marchands qui vendent à faux poids. Cependant elle a encore des indulgences plus grandes en certains cas.

Si un marchand vous faisait payer un kil. de sucre et qu'il vous en eût fourni 60 ou 80 grammes en moins, que diriez-vous si ce marchand était simplement condamné à vous restituer les 60 ou 80 grammes qu'il ne vous aurait pas donnés ?

Vous diriez avec raison que sa situation serait commode et fructueuse, qu'elle serait semblable à celle d'un voleur à qui on dirait : — Prends des montres, mais si celui à qui tu prends la sienne te voit, il faudra la lui laisser ou la lui rendre.

Les volés seraient trop volés, et tout le monde serait forcé de se faire voleur.

Eh bien ! certains hommes d'affaires, certains huissiers font mieux que cela.

Si l'épicier vous livre 60 ou 80 grammes en moins, vous pouvez avoir une balance pareille à la sienne, vous connaissez comme lui la valeur des poids, et vous pouvez le contrôler. — Si votre montre tient à un solide cordon, il sera bien difficile de vous l'enlever sans que vous le sentiez, et puis si vous voyez que votre montre, au lieu d'être dans votre gousset, est dans la main d'un monsieur, vous savez que votre montre est volée et que ce monsieur est un voleur.

Mais à quelles balances pèserez-vous les papiers timbrés? Les mêmes irrégularités passeront inaperçues; ce n'est que dans les cas d'énormités inouïes, imprudentes, mal faites, que vous crierez au voleur. Eh bien, si votre réclamation est jugée légitime, quelle sera la peine encourue par l'huissier? Il aura à vous restituer ce qu'il aura perçu en trop.

Peine égale à celle du chasseur qui ne met pas dans son carnier les perdreaux qu'il manque;

A celle du pêcheur qui voit retomber dans l'eau les goujons qu'il a mal piqués.

Le rôle de l'huissier dans la société est absurde. L'exécuteur de la justice civile ne devrait pas avoir intérêt, nécessité ensuite, à augmenter, multiplier et exagérer les frais, de telle façon que la fable de l'huître et des plaideurs m'a toujours paru quelque chose de timide et d'incolore. On mange toujours l'huître, c'est vrai ; mais l'huître est un hors-d'œuvre qui n'est bon qu'à ouvrir l'appétit, et l'on mange aussi les plaideurs. L'huissier devrait être un magistrat subalterne, appointé, chargé de faire exécuter sans bénéfice les arrêts de la justice civile.

On n'aurait alors que les frais rigoureusement nécessaires, au lieu d'un état de choses scandaleux sur lequel j'aurai occasion de revenir.

Que diriez-vous d'un exécuteur de la justice criminelle, en pays de bastonnade, qui aurait à recevoir tant par coup de bâton qu'il donnerait à un voleur, et qui, si le patient mourait avant le nombre fixé, aurait le droit de frapper le surplus sur le dos du volé ? — Les situations sont identiques.

Je ne sais rien de plus creux que les querelles d'école à propos de peinture, de littérature, etc.

J'ai connu deux maîtres d'écriture qui avaient tous deux beaucoup de talent dans leur profession ; ils passaient leur vie à se quereller, à s'injurier, à se diffamer, parce que le premier, qui s'appelait Roillet, disait : « Pour l'écriture coulée, on doit placer la jambe gauche sur la droite, et pour l'écriture ronde, les deux jambes doivent être placées l'une contre l'autre, mais nullement superposées. » Son rival, appelé Glachaut, soutenait « qu'on devait allonger la jambe gauche sous la table, et retirer la droite sous le banc. » Tous deux, je le répète, écrivaient fort bien, et tous deux faisaient fréquemment de fort mauvais élèves.

Les Parisiens ont l'habitude de se plaindre toujours du temps qu'il fait. A certaines époques même, on en a fait un moyen d'opposition politique : on s'en prenait au gouvernement d'alors de ce qu'il pleuvait et de ce qu'il ne pleuvait pas, de ce qu'il faisait trop chaud ou trop froid.

Il est vrai que les gouvernements d'alors se glorifiaient du beau temps, se rengorgeaient à propos d'une pluie opportune, et faisaient mentir leurs journaux sur le temps qu'il avait fait la veille.

On assure qu'en Russie il est défendu de publier un autre temps, un autre froid, que le temps, que le degré indiqué par l'autorité. Mais la Russie est la Russie.

A Paris, on fait la chose plaisamment : les Parisiens, qui se plaignaient de la pluie il y a quinze jours, se plaignent aujourd'hui de la chaleur; alors, sous prétexte d'arroser les rues, on leur rend de la boue.

J'ai rencontré autrefois dans le monde une très-charmante Espagnole, femme du général T., mort il y a quelque temps. Elle était très-pieuse, mais elle aimait beaucoup le plaisir; il est vrai que le plaisir l'aimait beaucoup aussi. Elle pratiquait très-rigoureusement tout ce que l'Eglise ordonne de prières, de pénitences, de macérations. Seulement, elle avait pris le parti que voici : entendre la messe tous les dimanches : cela fait cinquante-deux messes; des jours maigres et des jours de jeûne, elle avait supputé le compte exact. Elle se reconnaissait débitrice du chiffre total, et s'arrangeait, au bout de l'année, pour balancer exactement les comptes de sa conscience.

Ainsi, elle était allée au bal le samedi, — et comment manquer un bal quand on a de si petits pieds et de si grands yeux? — elle était fatiguée le matin : elle aurait été laide; elle pensait que la beauté est un don très-respectable fait par la Providence, et que ce serait l'offenser que de ne pas en prendre un soin convenable. Elle dormait donc le dimanche, mais elle allait à la messe le lundi. De même pour le maigre, pour les jeûnes, pour les pénitences : elle les reportait à des temps opportuns, mais jamais ne se trouvait débitrice d'austérités à la fin de l'année. Elle choisissait pour payer, les jours de pluie, les jours d'indisposition, les jours où elle n'avait pas autre chose à faire. Je ne donne certes pas cela pour exemple, car c'était, à proprement parler, de la pratique en gros. Il faut dire cependant que, faisant pénitence à son aise, elle ne faisait jamais expier ses fautes à autrui; qu'elle était douce et aimable, et, du reste, se croyait de très-bonne foi parfaitement en règle.

Quand un homme est malheureux, il est abandonné de ses amis; c'est un lieu commun ressassé en vers, en prose et dans toutes les langues « *tempora si fuerint nubila*, etc. »

Les amis qui abandonnent le malheureux, ne lui feraient que la moitié du mal qu'ils lui font, s'ils se contentaient de l'abandonner, ou s'ils disaient franchement qu'ils l'abandonnent parce qu'il est malheureux; mais ils auraient honte de cet aveu, et ils lui inventent ou même lui trouvent des torts qu'ils donnent pour cause de leur abandon.

Eh bien! pour qui juge sainement, celui qui dirait tout net : « J'abandonne mon ancien ami *** parce qu'il est malheureux, » ne serait pas un modèle d'ami constant, je le veux bien ; il resterait très-loin en arrière d'Oreste et de Pylade, de Nisus et d'Euryale, de Damon et de Pythias, etc., etc., mais il serait moins malhonnête et moins gredin cent fois que s'il disait : « J'abandonne mon ami parce qu'il est coupable, » et cependant, dans le second cas, il prendra un certain relief dans l'opinion du vulgaire de cette apparente austérité.

Celui qui a dit : « J'aime Platon, mais j'aime encore mieux la vérité que Platon, » — *amicus Plato sed magis amica veritas,* — celui-là voulait parler d'une amitié à distance; c'était la philosophie de Platon qu'il aimait et non Platon lui-même.

Il faut choisir son ami parmi les cœurs honnêtes, les intelligences élevées ; mais, une fois l'amitié liée, on devient solidaire l'un de l'autre. Il faut empêcher tant qu'on peut son ami de faire des sottises ou des crimes, mais s'il les commet, ce n'est pas une raison de l'abandonner. On ne pense pas à s'abandonner soi-même, quoi qu'on fasse, parce que c'est absurde et physiquement impossible. Eh bien! il y a une impossibilité morale, qui pour certaines personnes est du moins aussi forte qu'une impossibilité physique, à abandonner son ami : si votre ami est criminel, tout ce que vous pouvez faire c'est d'en souffrir et d'avoir des remords avec lui, et encore faudra-t-il peut-être le lui dissimuler! Résumons :

Dans la plupart des amitiés, ne demandons pas à nos amis de ne pas nous abandonner dans le malheur — (ce serait demander aux hirondelles de ne pas quitter nos climats quand le froid a tué les moucherons dont elles se nourrissent), — mais prions-les de ne pas nous prêter des torts et des crimes, de nous abandonner dans le trou où nous sommes tombés, sans nous donner en partant un coup de pied sur la tête.

J'ai, comme beaucoup d'autres, une grande passion pour les couleurs, et surtout pour leur harmonie. — Les églises sans vitraux ne m'attirent guère. — Il faut entrer à Notre-Dame de Paris lorsque le jour commence à diminuer, et s'aller asseoir sous les arceaux, de manière à bien voir les grandes rosaces.

Il n'est pas de musique plus religieuse, plus absorbante que cette musique muette que produit l'harmonie des couleurs.

A mesure que les couleurs s'éteignent et semblent remonter au ciel sur les rayons du soleil, l'âme et l'esprit les suivent ; le vert, le violet, le rouge disparaissent successivement, puis le jaune s'éteint le dernier.

Les architectes modernes et les bourgeois contemporains ont admis les vitraux dans les maisons. — Mais voici ce qu'ils en ont fait :

Vous croyez peut-être que c'est dans un cabinet retiré, dans le « boudoir, » peut-être même dans le salon, qu'on les a placés.

Nullement ; c'est dans l'escalier, à la porte vitrée qui ferme l'escalier. Et là, voici à quoi ils servent : pour ceux qui montent et qui descendent, ils rendent l'escalier plus sombre; ils ajoutent, pour ceux qui descendent, l'avantage de les étourdir et de leur donner le vertige par le papillotage des couleurs.

Ajoutez à cela l'usage si bête de cirer les escaliers, c'est-à-dire d'augmenter les chances de chutes suffisamment nombreuses et dangereuses dans un escalier, en en rendant les degrés glissants, et vous aurez donné auxdits escaliers toutes les conditions homicides qu'ils peuvent comporter.

C'est là une des sottises contre lesquelles mes efforts ont complétement échoué jusqu'ici. Et l'escalier est resté quelque chose qui ressemble bien plus à une contruction de guerre pour empêcher les ennemis d'envahir une maison, qu'à un moyen de communication et d'accès offert aux amis.

Il y a passablement de temps que je répète : — les fraudes commerciales faites à la fois aux dépens du public et des négociants honnêtes ne seront pas efficacement réprimées tant qu'on ne partira pas de cette base : « Le marchand qui vole le consommateur fait précisément ce que ferait le consommateur qui volerait le marchand, et doit être puni de la même façon. » Cette idée, si simple que M. de la Palisse l'eût dédaignée, n'a pu être adoptée jusqu'ici. Cependant, en 1851, on a cru devoir élever un peu la pénalité. J'ai déclaré la chose insuffisante.

Voici aujourd'hui (10 novembre 1855) un magistrat qui me paraît commencer à être fort de mon avis. « Le nombre des délinquants n'a pas diminué, » il augmente au contraire chaque jour, et le bulletin » de vos condamnations en fournit une regrettable » preuve. A quoi cela tient-il? A *notre* avis, à ce » que la pénalité qui atteint les contrevenants, et » qu'ils subissent avec indifférence, n'est pas en » harmonie avec la gravité de la *contravention*. »

» ..... La loi vous donne une arme qui vous per-
» met de combattre ces fraudes permanentes : la
» publicité !

» ..... La publicité que donnent les journaux est
» insuffisante et n'arrive pas jusqu'aux véritables
» intéressés.

» L'affiche du jugement à la porte du magasin
» et à la porte de la mairie, jointe à la publicité
» des journaux, nous paraît remplir les condi-
» tions, etc. »

Le tribunal s'est rendu aux raisonnements de M. l'avocat impérial Descoutures, et les vendeurs à faux poids, les sophistiqueurs, etc., que la loi n'ose pas encore appeler simplement voleurs, ont été condamnés à voir apposer sur leur porte l'affiche de leur jugement. Voici ce que disaient les *Guêpes* en septembre 1842 : — « Chaque jour de semblables délits sont punis par de semblables peines, ce qui est loin de les réprimer. — Pourquoi ne fermerait-on pas la boutique du voleur, en faisant afficher sur les volets fermés : « Boutique fermée pour..... tant de jours, pour vol et vente à faux poids ? »

Vous verrez que les *Guêpes* finiront par avoir raison. Lorsque M. Descoutures ne sera plus forcé, pour rester dans le langage commun que lui impose la loi, d'appeler *contravention* un véritable vol, et un des vols les plus criminels qui se puissent commettre ; lorsque la loi dira : « Celui qui vole est un voleur, » les mots synonymes, etc., de *sophistication, vente à faux poids, vente en surtaxe*, etc., seront effacés.

IV

L'AUTEUR AVOUE SON ORGUEIL ET PLAIDE
POUR LUI. — ÉLOGE DE L'ORGUEIL

On s'occupe en ce moment beaucoup des subsistances. — La protection qui n'a jamais protégé que la misère et la faim de tous, au bénéfice de quelques-uns, — est à l'agonie. On me permettra d'être un peu heureux de voir près de battre la chamade une citadelle dont j'ai bien démoli quelques pierres. — Des messieurs, fiers de tenir correctement un carré de verre dans l'arcade de l'œil, orgueilleux de porter les premiers des pantalons à carreaux trop larges, — boursouflés de joie d'avoir « l'air anglais, » me reprocheront ma vanité de chanter ainsi la victoire d'une armée dans les rangs de laquelle j'ai combattu parmi les premiers.

Eh quoi ! adopter une idée parce qu'on la croit juste et utile au bien de tous, marcher résolûment seul ou presque seul, contre le courant de la foule ; avoir raison trop tôt et tout seul, c'est-à-dire s'exposer de gaieté de cœur à la haine des uns, au mépris des autres ; faire lever, pendant dix ans, des épaules, et quelles épaules ! passer pour un fou, parce qu'on ne partage pas la folie commune du moment !

Et ensuite, quand votre idée triomphe, voir ceux qui l'ont combattue, par bêtise ou par cupidité, ceux qui ne vous ont ménagé ni le dédain dans le premier cas, ni la haine et la persécution dans le second, s'atteler à cette idée victorieuse ; venir, après la bataille, dépouiller les vaincus et les morts, leurs alliés d'hier, et exiger de vous que vous les aidiez à cacher vos luttes, vos déceptions et enfin votre triomphe. — Allons donc ! ce serait trop commode.

Ce serait permettre aux gens de parier après la course faite pour le cheval vainqueur, et d'empocher les enjeux.

Ah ! vous appelez cela de la vanité ! Eh bien ! oui, j'accepte votre reproche ; — mais le monde doit beaucoup aux vaniteux, — aux vaniteux surtout qui ont cette espèce de vanité qui vous fait dédaigner les succès faciles qu'on obtient en se mêlant à la folie, à l'injustice, à la crédulité, à l'ingratitude du moment.

Cette vanité qui vous porte à affronter, pendant dix ans, le dédain, le mépris et la haine, — pour voir triompher un jour, au bénéfice de tous, une idée généreuse et raisonnable, — qui vous fait jeûner pendant dix ans, pour qu'un jour tout le monde ait à manger, quand vous, vous n'aurez plus de dents.

Ah! vous voulez être vaniteux de ce que vous avez un beau gilet, de ce que votre grand-père était un insigne fripon qui vous a laissé beaucoup de l'argent d'autrui; vaniteux de ce que vous payez cent mille francs les faveurs indivises de telle ou telle courtisane, — comme si l'amour qu'on paye valait jamais plus de cinq francs!

Ah! vous voulez être fier de votre nullité et de votre sottise, et vous ne voulez pas qu'on soit un peu fier du bien qu'on arrive à faire malgré vous et malgré ceux à qui on le fait!

Ah! l'orgueil! belle et grande folie que la Providence a donnée à l'homme! fumée éclatante au prix de laquelle l'homme consent à tous les sacrifices, se livre à toutes les corvées, s'expose à tous les dangers. L'orgueil! mais, sans l'orgueil, pas de conducteurs de nations, pas d'artistes, pas de poëtes. L'orgueil, cette illusion bizarre qui fait que, pour obtenir l'approbation d'une foule composée de gens dont dix à peine méritent à vos yeux que vous vous occupiez d'eux un instant, — vous ne reculerez devant aucune abnégation, aucune lutte, aucune épreuve !

On trouve quelquefois dans les bassins de Fontainebleau des carpes qui portent des anneaux d'argent sur lesquels est inscrite une date qui remonte à François Ier.

On voit souvent dans une forêt un chêne séculaire sur lequel un nom gravé a grandi avec l'arbre.

Eh bien! si c'est celui qui a planté l'arbre qui a gravé son nom; — si c'est celui qui a mis la carpe à l'état de frétin dans le bassin qui lui a attaché cet anneau, — que celui qui, plusieurs siècles plus tard, mangera la carpe, que ceux qui conversent d'amour sous l'ombrage protecteur du chêne puissent voir d'un œil distrait la date et le nom de ceux qui leur ont fait ces loisirs et ces plaisirs; qui le trouve mauvais?

Et vous ne voulez pas que l'écrivain ou le philosophe inscrive son nom sur le jeune arbre qu'il plante, dont d'autres auront l'ombrage, et auquel peut-être il sera pendu ! qu'il l'attache au petit poisson, qu'il ne verra sans doute pas devenir grand, et qui sera mangé par d'autres ! — Les idées sont aussi longues à grandir que les arbres et les carpes.

Une belle invention, c'est la modestie. Je parle de celle qu'on impose aux autres.

Cette invention est due à des gens qui, sûrs de ne commettre jamais ni une bonne ni une belle action, ni un bon ouvrage, voudraient cacher ce que les autres peuvent faire de bien ; de même que quelques femmes qui avaient de gros vilains pieds ont imaginé, il y a quelques années, les robes trop longues qui cachaient à la fois et leurs susdits gros vilains pieds et les pieds étroits et cambrés des autres femmes. Les envieux égoïstes s'efforcent d'étouffer et de cacher le bien fait par autrui ; mais ils se sont dit : « Nous n'en viendrons jamais à bout si ces gens-là ne nous aident pas ; il faut leur persuader qu'il vaut mieux ne pas donner de pain à un pauvre que de laisser voir qu'on lui en donne. Il faut leur faire croire que celui qui regarde un homme se noyer est infiniment au-dessus de celui qui risque sa vie pour le sauver, mais qui ne réussit pas à cacher son action comme on cache un crime. Bien plus, s'il s'avise d'en parler, il faut dire que non-seulement il a gâté son action, mais qu'il est couvert de ridicule ; il faut établir que, de toutes les belles actions, la plus belle est sans contredit de cacher son mérite. Or, ceci établi, personne ne cachera aussi complétement ses bonnes actions que celui qui n'en fait pas ; de même que la cheminée qui le plus sûrement ne fume pas est celle où on ne fait pas de feu. Il résultera que les susdits envieux égoïstes prendront naturellement rang au-dessus des autres. Notez que ces honnêtes gens partagent l'infirmité commune de l'humanité ; ils ne sont pas non plus exempts de vanité, — seulement, ils sont fiers d'avoir des bottes vernies ou des gants jaunes, d'avoir des cheveux frisés ou séparés au milieu du front par une raie correcte, ou d'ajouter à leur nom un petit *de* clandestin, et qu'ils ne pardonnent ni à un poëte ni à un soldat d'être fier d'un beau livre ou d'un trait de courage.

Je me rappelle, au sujet de la modestie, ce passage d'une oraison funèbre :

« ... Et, messieurs, si vous ne voyez pas ici une foule de pauvres, dont sans doute le défunt prenait soin, c'est que, conformément au précepte, sa main gauche ignorait ce que faisait sa main droite, et qu'il leur cachait ses bienfaits probables. »

Sérieusement, puisqu'il faut que l'homme ait des jouissances de vanité, à ce point qu'on s'en fait une même de ne rien faire de bien ; puisque c'est une excitation donnée à l'homme pour lui faire exécuter un certain nombre de corvées utiles, j'aime mieux la vanité qui porte un homme à partager son bien avec les pauvres, et à leur distribuer des soupes, que celle qui consiste à mettre son chapeau de côté sur la tête pour avoir l'air formidable. — J'aime mieux la vanité qui jette un homme dans les flammes pour en retirer un autre homme que celle qui se contente de tenir adroitement un lorgnon entre l'œil et le nez.

V

EN FAVEUR DE QUELQUES HONNÊTES FEMMES

On racontait dernièrement dans les journaux, — qu'à une petite distance de Paris, un conducteur d'un chemin de fer avait entendu des cris qui sortaient d'un wagon. Ces cris étaient poussés par une jeune fille qui se défendait contre les insultes d'un homme qui se trouvait seul avec elle dans ce wagon. C'est un grave inconvénient qui doit arriver plus souvent qu'on ne le sait, parce que ces insultes peuvent n'être portées qu'à des moindres degrés, et ensuite parce que la réserve des femmes peut avoir eu assez à souffrir du fait pour ne pas se résigner à souffrir encore du récit. Ajoutons que c'est par hasard que le conducteur a entendu les cris ; —

qu'il y a des personnes que la terreur peut empêcher de crier; — et enfin qu'il dépend de l'agresseur d'étouffer les cris de sa victime, et tout le monde sera d'accord avec moi qu'il faut trouver un moyen de parer à ce genre de dangers.

Ce moyen est tout trouvé.

Sur quelques lignes de chemin de fer, on réserve un compartiment pour les femmes qui voyagent seules, et qui croient prudent et convenable de ne se trouver qu'avec des personnes de leur sexe.

Mais...

Pourquoi cette mesure, qui ne coûte absolument rien aux administrations, que le danger de conserver quelques places vides, n'est-elle pas universellement adoptée?

Mais...

Je crois que cette mesure, là même où elle est adoptée, n'est prise qu'en faveur des personnes qui ont des billets de première classe.—Si ma mémoire me trompe, j'accueillerai avec empressement une rectification appuyée de preuves.

Outre ce qu'il y aurait d'odieux à voir des femmes n'avoir pas le moyen d'être respectées, il est facile de reconnaître que ce sont précisément les moins riches qui ont le plus besoin d'être protégées sous ce rapport. Une femme du monde, — je parle de celles qui ont de bonnes manières, de la réserve et de la tenue, — une femme du monde, *une dame*, en imposera beaucoup plus qu'une autre femme aux insolents. Je constate là un des côtés de la lâcheté humaine.—De plus, dans les voitures de première classe, elle sera exposée à trouver tout autant de vice, mais elle peut compter y trouver de meilleures manières. On ne sait pas jusqu'où va la timidité d'un homme bien élevé, à l'égard des femmes.

Si l'on veut prendre en considération qu'un convoi de chemin de fer n'est pas une voiture comme une autre, — que les conducteurs sont placés fort loin de certains wagons, — que les roues et la machine font un grand bruit, surtout sous les voûtes, je ne sais trop quelle objection on trouvera à demander avec moi qu'il soit, à l'exemple de certaines lignes, réservé dans chaque convoi un compartiment pour les femmes seules qui demanderaient à y être admises, et que cette mesure s'applique aux voitures de *toutes les classes*.

Si l'on trouve une meilleure garantie, je suis prêt à y donner mon approbation.

VI

QUELQUES VERS

Donner le *Trovatore* à la foule ahurie,
Parmi les spécimens nouveaux de l'industrie,
C'est, il faut l'avouer, un soin intelligent :
En ces temps où l'esprit au progrès se cramponne,
Où tout, hormis le pain, à bon marché se donne,
Il est bien de montrer qu'en aucun lieu personne
N'a jamais pu fournir au public exigeant
    Tant de bruit pour si peu d'argent.

Propriétaire, riche, et bien pauvre poëte,
Je voudrais, en payant, monsieur le gazetier,
Obtenir pour ces vers un feuilleton entier.
—Moi ! louer de tels vers ! ma plume est trop honnête,
Échanson du public,...
              — A votre bénitier
On ne demande rien ; dans votre blanche toge
Cessez de vous draper, je ne veux pas d'éloge ;

C'est commun, trivial ; on en donne pour rien,
Je n'en achète pas. Ce que je voudrais bien,
Et ce que je demande à votre plume austère,
C'est un article dur, une critique amère,
Acre, acharnée, injuste, avanie à gogo,
Comme en fait monsieur Planche à l'exilé Hugo ;
Moi, payer des flatteurs ? Ah ! monsieur, la misère !
Je sais trop ce que vaut ce cher argent ! Je veux,
Étant riche, acheter, monsieur, des envieux.

Je sais des gens, pour les autres sévères,
Dont les vertus, en apparence austères,
Me font toujours un peu rire. — Pourquoi ?
En les voyant, je pense, malgré moi,
   Aux boutiques d'apothicaires.
Lorsque le gaz épandant ses clartés
Sur ces flacons dorés, étiquetés,
Fait luire aux yeux de barbares paroles
En un latin suspect, — sur ces fioles,
   Si vos yeux se sont arrêtés,
Ils ont cligné sous leurs lueurs splendides.
Rubis, saphirs et topazes liquides,
Tout cet éclat, c'est *l'aqua communis*,
En bon français, simplement l'eau du puits,
   Colorée avec des oxydes.
Puis vous voyez briller sur maint flacon
En lettres d'or : baume, catholicon,
Orviétan, thériaque, cantharides ;
Mais la plupart de ces flacons sont vides :
   Du verre creux et puis un nom.

Les flacons pleins : purgatif, émétique,
Tisane amère ; on les vante, on explique

Qu'ils sont peut-être un peu mauvais, mais sains,
En les payant cher aux pharmaciens.
Et puis du prix, dans l'arrière-boutique,
Le soir venu, d'excellent appétit,
On soupe, on jase, et l'on boit et l'on rit
   En se moquant de la pratique.

VII

DE LA MODE EN MUSIQUE ET EN LITTÉRATURE

J'entends parler quelquefois de musique qui a vieilli, d'esprit qui a vieilli.

Peut-être serait-il bon de s'entendre là-dessus, pour la musique surtout. L'esprit se défend lui-même. Mais comme on n'est pas précisément très-musicien en France; comme dans une salle de théâtre où l'on applaudit à tout rompre, les deux tiers pour le moins applaudissent pour se mêler au bruit et au succès qui se fait, ou pour être vus applaudissant ce qu'on applaudit; comme on n'a pas, après tout, une parfaite conscience du beau; comme on n'ose pas s'exposer à applaudir tout seul, ni avouer son plaisir sans être sûr qu'un très-grand nombre prend plaisir à la même chose, il est à craindre, et les exemples n'en sont pas rares, qu'avec des phrases comme celles-ci : « Musique vieillie, » on ne laisse dormir un quart de siècle dans les cartons et grignoter aux souris un certain nombre de chefs-d'œuvre du génie humain, en même temps qu'on laisse un peu trop de place aux billevesées bruyantes que la mode prend sous sa protection.

Il est parfaitement vrai qu'une partition, qu'un livre que l'on entend ou que l'on voit dix ans ou vingt ans après un immense succès, prend quelquefois un petit air vieillot, rechigné, chevrotant, et que cela fait dire : « C'était très-beau il y a dix ou vingt ans, mais c'est insupportable et ridicule aujourd'hui. » Cela tient à un point, c'est que ce n'était pas beau il y a dix ou vingt ans.

Prenez deux hommes : l'un est cité comme un élégant de premier ordre; — il suit la mode de si près qu'on croirait qu'il l'invente; — parfois même, on lui a dû quelques innovations : c'est lui qui, le premier, mit le gilet trop court, c'est lui qui a remonté le col de chemise empesé sous les oreilles; ses succès sont innombrables. — L'autre n'y saurait prétendre, car il a choisi et adopté une fois une façon de s'habiller et ne l'a plus changée;

il trouve quelque dignité à se montrer toujours dans le même costume. Tous deux sont frères ou associés, de façon à ce qu'une débâcle d'affaires, qui peut arriver tous les jours, les ruine le même jour. Il faut se mettre à travailler, avoir une place, exercer une industrie qui suffise aux besoins rigoureux de la vie. Tous deux ont une garde-robe bien montée; de longtemps ils n'auront à faire de dépenses de vêtements. Or, dans un an, dans trois ans, le second ne trahira pas sa ruine par son extérieur, il continuera de n'être pas cité pour son élégance, mais il n'excitera ni la pitié, ni le sourire. — Trois mois après, l'autre, au contraire, est ridicule, grotesque; on se le montre d'un clignement d'œil, et on dit avec un sourire de pitié: « Ce pauvre un tel! »

Il souffre, il est malheureux, il économise sur sa nourriture, il vend ses vieilles hardes au fripier, il se fait faire de nouveaux habits, il se remet à la mode; mais il n'a pas mis les nouveaux habits vingt fois qu'il est encore distancé, et, trois autres mois après, il est redevenu un objet de pitié et de moquerie.

Voilà d'où vient que les portraits vieillissent et que la sculpture ne vieillit pas, et pourquoi les peintres intelligents s'efforcent souvent, en vain, hélas! d'obtenir de leurs modèles qu'elles ne mettent ni les manches, ni les chapeaux, ni les fichus à la mode. La princesse Pauline Bonaparte a conservé pour les générations futures sa célèbre beauté, tandis que les portraits de Mme Tallien ont quelque chose de la caricature. De même la musique qui a dû son succès à cela qu'elle s'est affublée des vacarmes à la mode, doit périr avec cette mode;

Et le livre qui a fait tant de bruit, parce qu'il était fait avec les idées, avec les phrases, avec les mots à la mode, ne peut être lu qu'une fois. L'un et l'autre ont été très-riches de gloire pendant quelques jours, mais ils ont mangé leur fond avec leur revenu.

Au contraire, le livre fait avec du génie ou avec le vrai esprit, et la musique faite avec de vraie mélodie, n'ont leur succès qu'auprès de l'élite du public et des connaisseurs; mais ils l'ont et le conservent à jamais.

VIII

DE LA BEAUTÉ DES FEMMES ET DE LA BEAUTÉ DES HOMMES

Il est des modes moins faciles à suivre que celle d'avoir des jupons inflexibles.—Il y a deux ou trois ans quelques femmes, qui avaient de beaux cheveux, crurent devoir en avertir leurs contemporains par l'exhibition de deux ou trois coiffures qui exigeaient une grande richesse de crinière.

Telles se firent des coiffures, comme la plupart des pianistes font de la musique, — non pas de la musique mélodieuse, poétique,— mais de la musique que les autres ne puissent pas jouer. — J'avouerai cependant qu'une au moins de ces coiffures est fort jolie, fort élégante et rappelle à la fois certaines coiffures antiques et la coiffure de quelques

femmes de Greuze. Pour ces coiffures, il faut montrer beaucoup de cheveux sur le devant de la tête.
— Naturellement on a la ressource d'en emprunter à la partie postérieure. — Bientôt ces coiffures ont été imitées et dépassées, surtout par les femmes qui n'avaient que peu de cheveux. — Elles ont tout ramené par devant et ont adapté derrière une fausse queue. Celles qui ont en réalité de belles chevelures n'ont pas daigné faire de tricherie, et ce sont elles qui, aujourd'hui, ont l'air d'en avoir le moins. On ne peut mettre de vrais cheveux qu'autant qu'on a de cheveux, mais on met des faux cheveux autant qu'on a d'argent.

Mais les cheveux sont fort chers, on doit en avoir, on aime bien mieux, — les femmes surtout, — acheter quelque chose de superflu que quelque chose de nécessaire. — Et puis si vous achetez une belle robe, des dentelles, des pierreries, vous vous en faites honneur; les autres femmes savent ce que vous avez dépensé, et comme l'argent n'arrive guère aux femmes que comme tribut payé à leur beauté, comme une femme parée a toujours l'air d'une divinité ornée des sacrifices de ses dévots, — on ressemble à un chef mohican chargé des dépouilles de ses ennemis.—La femme qui dépense le plus montre

ainsi le cas supposé que l'on fait de ses charmes.
— Mais faire une dépense qu'il faut cacher; mais donner de l'argent pour être comme tout le monde, pour être simplement la femme normale, pour être simplement ce que la nature aurait dû vous faire; mais employer à réparer la paresse, la négligence de ladite nature, à acheter des cheveux et des dents, un argent qu'on aurait pu consacrer à des dentelles et à des perles, c'est attristant et décourageant au dernier des points.

Aussi est-on arrivé, cet hiver, à l'expédient que voici. (Je parle des femmes qui n'ayant pas beaucoup de cheveux sont décidées à en montrer plus que celles qui en ont beaucoup.) — On continue à employer tout ce qu'on a pour orner triomphalement le devant de la tête, pour s'en faire un double diadème avec une double ou triple natte. Quand on s'est coiffée en appliquant cette formule d'arithmétique, j'en emprunte un qui vaut dix, il vient un moment où il reste zéro. C'est précisément ce qui compose les éléments de la coiffure de derrière la tête. Ne voulant pas acheter de cheveux pour les causes susdites, beaucoup de femmes substituent à ces cheveux une sorte de toquet en velours, rubans, fleurs, etc., etc., placé derrière la tête et qui est censé cacher les cheveux qu'il remplace. Le tour est fait.

« Mais monsieur, — vous critiquez à chaque instant les façons de s'habiller des femmes. Croyez-vous qu'il n'y ait rien à dire sur les ajustements de messieurs les hommes? Sont-ils donc moins coquets, moins prétentieux, moins maniérés que nous? Sont-ils moins esclaves de la mode? Au moins nous arrivons à des résultats. Une femme bien mise présente aux regards un tableau agréable; — mais un homme bien mis! qu'est-ce que cela? Comment sait-on qu'un homme est bien mis? Est-ce que vous sortez de vos affreux chapeaux, de vos habits ridicules. — Que les gens hardis portent de temps en temps les bords du chapeau un peu plus larges ou un peu plus étroits, un peu relevés ou un peu cambrés; que la ganse qui l'entoure soit plus ou moins large; que les basques de l'habit soient plus ou moins étroites, le collet haut ou bas, voilà dans quel cercle roule l'imagination des élégants. Notre parure tend à nous faire plus jolies et plus femmes, la vôtre plus laids et moins hommes.

— Ah ! vous avez bien raison, mademoiselle, et si je n'en parle guère, c'est qu'il m'importe peu, sauf quelques-uns, en très-petit nombre, qui sont mes amis, que les hommes soient laids et ridicules, tandis que la beauté des femmes m'appartient comme le ciel bleu, comme les forêts, comme les prairies, comme la mer, comme un beau clair de lune, comme un splendide coucher du soleil. La beauté des femmes fait partie des fêtes que la nature a voulu donner à mes yeux. Si les femmes étaient trop laides, il me semble qu'il arriverait à mon esprit ce qui arriverait au monde si le soleil s'éteignait : tout mourrait de froid et d'obscurité. Mon esprit deviendrait aride, les pensées y végéteraient étiolées et sans couleurs. Je n'aurais pas plus envie d'écrire que les acteurs n'aiment à jouer devant une salle vide. Je jetterais ma plume au feu et mon encrier par la fenêtre.

Vous nous sommez, au nom de la justice, mademoiselle, de dire aux hommes quelques vérités : je le veux bien, je prendrai quelques-uns de vos reproches pour les mêler aux miens ; mais permettez-moi de vous le dire, si nous imprimions votre lettre, comme vous le désirez, il serait à craindre pour vous qu'on ne démêlât un peu de dépit dans cette colère contre messieurs les hommes et qu'on ne vous répondît par ce vieux refrain :

> Marion pleure, Marion crie,
> Marion veut qu'on la marie.

Parlons donc de la toilette des hommes. Si vous êtes, mesdames, beaucoup plus jolies que nous, il est juste de reconnaître que nous vous y avons aidées, en nous enlaidissant volontairement. — Votre supériorité de beauté se compose : 1° des soins que vous prenez de l'augmenter ; 2° du zèle que nous avons mis à la faire valoir par le contraste de notre laideur perfectionnée, par l'ombre que nous faisons volontairement au tableau de vos charmes. Vos longs cheveux souples et ondoyants sont d'autant plus beaux que nous coupons les nôtres ; vos mains sont d'autant plus blanches, étroites, délicates, que nous nous réservons les travaux et les exercices qui les élargissent et les endurcissent.

Nous vous avons réservé exclusivement les fleurs, les plumes, les rubans, les pierreries, les étoffes de soie, d'or et d'argent. Bien plus, pour augmenter la différence entre les deux sexes qui est votre plus grand charme — pour vous faire la part belle, — nous avons partagé avec vous les couleurs dont le soleil revêt les choses. — Nous vous avons donné les couleurs riches et éclatantes, les couleurs douces et harmonieuses ; — nous avons gardé pour nous les couleurs sombres et mates ; — nous vous avons donné la lumière et le soleil, nous avons gardé l'ombre et la nuit.

Nous nous sommes réservé les chemins durs, cailouteux qui élargissent les pieds ; — nous ne vous avons laissé marcher que sur des tapis. Croyez-vous, sans cela, que vous auriez vos pieds étroits et cambrés ? L'homme avait reçu de la nature pour compagne une sorte d'homme-femelle, — probablement moins belle que lui, comme sont les femelles des autres animaux; de cette femelle, il a fait la femme.

Il a tellement senti le désir et le besoin de vous adorer, qu'il vous a imposé les vêtements longs. Remarquez que ces vêtements longs n'ont été accordés aux hommes que dans les fonctions où il ne fallait pas permettre à l'esprit de découvrir des imperfections, — des jambes torses ou cagneuses, un gros ventre, etc. — Les rois, les prêtres, les magistrats, portent comme vous des vêtements longs. Cependant, par ce partage même, l'homme entrait en possession de sa beauté particulière et légitime ; — elle se composait de force, de sévérité, de majesté. En même temps qu'il rendait la femme plus femme, il se faisait plus homme lui-même. Tout ce qui augmente la différence entre les sexes ajoute des charmes à l'amour ; on se sépare, on s'éloigne, on prend du champ pour s'aimer comme pour se combattre. Rien n'était si raisonnable que ce parti-pris. L'homme avait les cheveux courts, la barbe longue ; il avait le teint bronzé par le soleil et le vent ; ses bras musculeux étaient terminés par des mains fortes, puissantes, calleuses ; ses jambes, aux muscles saillants, étaient portées sur des pieds endurcis par la chasse, par la guerre. Il devait plaire à la femme par sa force, par son courage, par la protection qu'il lui donnait ; il y avait un peu de crainte dans l'amour de la femme pour l'homme, et ce sentiment n'a pu être entièrement détruit par la civilisation. Une femme bien organisée n'aime réellement qu'un homme qui la domine. — On a dit : Le plaisir des femmes est de commander. — Je maintiens que leur bonheur est d'obéir. — Elles aiment à commander, comme les femmes du monde sont enchantées de dîner une fois par hasard au cabaret. Jamais, avant les progrès de la civilisation, une femme n'aurait accepté l'amour d'un homme langoureux, frêle, élégant.

Il fallait que l'homme pût la défendre contre les hommes et contre les autres bêtes féroces. Il fallait qu'il apportât à la cabane le sanglier ou le chevreuil pour elle et pour ses enfants ; — il fallait qu'il l'enlevât et la portât dans les chemins trop rudes ; — qu'il lui fît traverser les fleuves à la nage, etc.

Mais avec les progrès de la civilisation, les choses ont changé ; la femme, protégée par la loi et par les mœurs, n'a pas eu nécessairement besoin de la force de l'homme. L'homme s'est moins exercé, a renoncé aux fatigues, aux plaisirs de la chasse, ou n'a plus fait la guerre que par procuration. — L'homme civilisé, l'homme du monde, a perdu la beauté virile. Alors il s'est occupé sournoisement de reprendre à la femme une partie des concessions qu'il lui avait faites autrefois.

Alors il a porté les cheveux longs et frisés, et séparés par des raies correctes sur le côté de la tête ; — alors il a voulu avoir les mains délicates et blanches, les pieds étroits, la taille mince ; alors il a clandestinement repris la soie et le velours, sous le nom de gilets ; il a chargé ses doigts de bagues, il a mis des diamants à sa chemise, il a porté des bijoux, de l'or, des pierreries ; — il est rentré dans le partage des rubans sous prétexte de cravate ; — il a demandé pour les couleurs un nouveau partage, une sorte de loi agraire ; — non-seulement il a reconquis le rouge, le bleu, le vert, — mais il a usurpé le rose, le bleu de ciel, le lilas ; — n'ayant plus la beauté de l'homme, il s'est avisé de vouloir avoir avec la femme une seule et même beauté, par suite de quoi il est extrêmement laid.

Quelque mince, sanglé, lacé que soit un homme, il n'est jamais aussi mince qu'une femme qui le serait médiocrement ; — il a beau faire entrer douloureusement ses pieds dans des souliers plus petits qu'eux, un petit pied d'homme est plus grand qu'un grand pied de femme. Il a beau ne pas se servir de ses mains et mettre des gants trop étroits, le plus petit gant d'homme peut contenir les deux mains d'une femme ; il a beau se chamarrer ridiculement de cravates éclatantes, de gilets rutilants, comme il n'ose quitter ni son affreux chapeau, ni ses affreux habits ; comme il n'ose pas mettre des fleurs dans ses cheveux, il n'arrive auprès des femmes qu'à un costume mesquin et misérable.

La nature avait fait l'homme mâle et l'homme

femelle ; — l'homme avait fait l'homme et la femme; on est aujourd'hui sur la route d'avoir la femme femelle et la femme mâle.

Les femmes qui voient les hommes chercher leur beauté à elles et n'arriver qu'à de médiocres résultats, comparent le visage des hommes à leur visage, — les pieds des hommes à leurs pieds, — la parure des hommes à leur parure, et elles trouvent les hommes laids et mal habillés.

Si Tulou et Meifred, dont on connaît le talent, se trouvaient dans un salon, si Tulou, entendant applaudir Meifred après un beau solo de cor, s'avisait de jeter sa flûte et prenait le cor de Meifred, il est probable qu'il exécuterait de tristes couacs.

IX

L'ÉDUCATION DES FILLES

Par la façon coûteuse et ridicule dont on habille les enfants aujourd'hui, on rend ces petites créatures plus sottes et plus odieuses qu'il n'appartient à leur âge. On en fait de grotesques bamboches impertinentes, affectées, maniérées.—Les petites filles de huit ans sautent à la corde en regardant de côté si les hommes les admirent, conduisent leur cerceau du côté du beau monde, font des mouvements de tête, des effets de croupe, lèvent au ciel des yeux langoureux, abaissent des regards confus, lancent des œillades. — Ces petites filles de huit ans que l'on voit aux Tuileries, vêtues en femmes, quelques-unes avec de la crinoline, — qui ne jouent pas, mais cherchent seulement à attirer les regards, promettent assez peu de modestie pour l'avenir.

Certaines mères ne négligent rien pour accroître encore les fâcheux résultats de cette mode absurde. Voici des observations dont j'affirme l'authenticité et que tout le monde peut faire comme moi.

Quelques petites filles se rencontrent dans un coin du jardin des Tuileries. Les petites poupées, avant de s'adresser la parole, se regardent de la tête aux pieds, — se font subir réciproquement un examen rigoureux, de la chaussure, de la robe, des gants. — Si le résultat de l'examen est satisfaisant de part et d'autre, on s'aborde et on entame un jeu, sinon l'une des fantoches s'éloigne avec une moue dédaigneuse.

Voici un dialogue exactement sténographié :

— Mademoiselle, voulez-vous me permettre de jouer avec vous?

— Qu'est-ce que font vos parents, mademoiselle?

— Je ne sais pas ce que fait papa; maman brode.

— Pour de l'argent?

— Je ne sais pas.

— Votre maman est-elle riche?

— Je ne sais pas.

— Combien avez-vous de domestiques?

— Deux bonnes et le cocher.

— Ah! vous avez une voiture?

— Il faut bien, pour venir aux Tuileries.

— Eh bien, mademoiselle, à quoi voulez-vous jouer?

Autre dialogue.

Trois ou quatre petites filles de six à dix ans, vêtues de soie et de velours, sautent à la corde avec des mouvements prétentieux, guindées, etc.; une enfant de huit à neuf ans, très-proprement, mais relativement simplement vêtue, les regarde avec des yeux pleins de désirs. — C'est une jolie petite fille rose et fraîche, bien jeune, bien enfant, bien joueuse, — nullement gênée dans ses vêtements; elle saisit un moment où la corde que l'on fait tourner est vacante; elle y entre, saute avec adresse et montre un visage épanoui par le plaisir. Quelques petites filles parlent bas à celles qui font tourner la corde; celles-ci s'arrêtent. Quand la nouvelle venue se retire, on recommence le jeu, mais on le suspend chaque fois qu'elle se présente devant la corde.

Une des petites pécores s'avance vers elle, et lui dit d'un air digne :

— Mademoiselle, nous ne jouons pas avec des demoiselles qui n'ont pas une robe de soie.

J'avais, — il y a quelques années, un voisin de campagne qui entendait autrement l'éducation de ses trois filles. — Il passait pour très-riche, et cependant ses enfants étaient simplement vêtues : des robes de percale ou de coutil l'été, des robes de laine l'hiver, une seule robe de soie pour les solennités ; — mais du beau linge toujours bien blanc, des robes fraîches et bien faites que fabriquait l'aînée des trois filles en se faisant aider par les deux autres, à proportion de leur habileté.

De plus, les habitudes de la maison étaient simples, confortables, mais nullement somptueuses. — Il n'y avait pas de voitures ; la nourriture était saine, suffisamment abondante, mais sans recherche et sans luxe. Quelques personnes l'avaient déclaré avare, cependant je l'avais vu généreux dans quelques circonstances pour soulager des malheureux, pour rendre service à la commune, etc.

Un jour que je ramassais quelque argent parmi mes connaissances pour remplacer un canot que la mer avait enlevé à un vieux pêcheur, je fus surpris de le voir me donner, à lui seul, la moitié de la somme à recueillir entre douze ou quinze personnes.

Je m'aperçus que j'avais assez maladroitement laissé voir ma surprise, et j'essayai de la déguiser en joie de ce que la chose serait faite tout de suite.

— Je comprends, dit-il, on vous a dit que je suis avare.

Je balbutiai des mots mâchés sur l'air d'une dénégation.

— Je vais vous étonner davantage, me dit-il. Je n'ai pas de voiture, et je n'aime pas la marche. On a tous les jours chez moi, à dîner, la soupe, un rôti, des légumes, et je suis extrêmement gourmand. J'ai une maison simplement meublée et j'aime le luxe. Je n'ai que deux servantes, et il me plairait d'avoir un nombreux domestique. Mais j'ai trois filles à marier.

— Je comprends, vous voulez leur amasser une grosse dot...

— Vous ne comprenez pas du tout. J'ai à peu près soixante mille francs de rente. Supposez que je les dépense : chacune de mes filles serait élevée dans les habitudes d'à peu près cinquante mille francs de rente, car les domestiques, les voitures, l'ameublement, ne coûtent guère plus cher pour cinq personnes que pour une. Supposez que je les marie toutes les trois en même temps : ce serait un grand sacrifice que de partager ma fortune avec elles, — car il me faudrait diminuer mon train, mes habitudes, mon luxe, mon bien-être même de la moitié. Eh bien ! cela leur ferait à chacune dix mille francs de rente. — Je ne compte pas tout sacrifier à la fortune dans le choix de mes gendres ; je ne leur donnerai ni des vieillards, ni des trop laids, ni des imbéciles, ni des coquins. Je veux qu'elles soient honnêtes femmes. D'ailleurs, un homme qui aurait deux cent mille francs ne se contenterait pas aujourd'hui d'une femme qui ne lui apporterait qu'une dot égale à sa fortune. Peut-être mes gendres seront d'honnêtes jeunes gens, commençant une profession libérale, — et n'ayant rien à eux que des talents et de la probité. — En tous cas, supposons pour leur revenu un capital de cent mille francs, — fortune et travail compris : — voilà donc chacune de mes filles, sa dot comprise, avec quinze mille francs de rente à peu près.

Nous nous sentirions tous ruinés et pauvres, — ma femme et moi avec la moitié de nos revenus ordinaires, chacune de mes filles avec le tiers du bien-être auquel elle aurait été accoutumée. Et *Dieu* sait alors quel beau cadeau j'aurais fait à mes gendres ! — Si Dieu ne le savait pas, il n'aurait qu'à le demander au diable. Mes filles entreraient dans des maisons relativement pauvres, elles n'auraient plus de voiture, leur table leur semblerait médiocre, il faudrait diminuer les frais de leur toilette, avoir moins de domestiques, etc. ; elles seraient malheureuses et rendraient leurs maris malheureux ou les ruineraient. Loin de là, je dépense dans ma maison quinze mille francs par an. — En défalquant des dépenses qui profitent à tous sans augmentation, celles qui s'accroissent par le nombre de ceux qui en profitent, il faut compter que chacune de mes filles est habituée à une situation qui représente à peu près huit mille francs de rente. — Si je les mariais demain, en leur donnant à chacune six mille francs de rente, à des hommes qui auraient de leur côté ou une fortune égale, ou un talent, ou une industrie équivalents, — voyez quelle serait la situation. — D'abord, ma femme et moi, nous mettant à même ce qui nous resterait de notre revenu, nous mènerions un train de trente-deux mille francs par an. — Je ne tiens pas compte de ce que j'économise ; — c'est-à-dire que nous augmenterions notre bien-être et notre luxe de deux tiers, car nous n'aurions plus à partager avec nos filles. — Chacune d'elles entrerait dans une vie de douze mille francs de rente, c'est-à-dire se verrait plus riche d'un tiers qu'elle n'était chez nous.

De plus, il est d'une bonne morale de laisser à des filles des ambitions qui seront satisfaites par leurs maris. — Il ne faut pas qu'une fille croie descendre et s'appauvrir en prenant un mari ; il faut qu'elle se sente élevée et enrichie au contraire. — Si une fois mariée, elle a un plus riche mobilier, de plus élégantes toilettes, une table mieux servie, des domestiques plus nombreux, — elle attribuera cet accroissement de bien-être au mariage et au mari, elle en aimera davantage l'homme avec lequel elle doit passer sa vie, et elle sera plus heureuse.

Supposons le contraire, — comme je l'ai fait en commençant ; vous aurez naturellement des résultats opposés : mes filles malheureuses, des maris moins aimés et moins respectés. Mais ce n'est pas tout. Beaucoup de gens habituent leurs filles à vivre sur le pied d'une fortune dont ils ne pourront même, en condamnant leur vieillesse, à eux, à des privations, leur donner qu'une partie. — Mais le nombre est encore plus grand de ceux qui, n'ayant pas une fortune de fonds, mais ayant des places chèrement rétribuées, une profession productive, une industrie féconde, dépensent tout ce qu'ils gagnent, et ne pourront donner à leurs filles que peu ou point de dot. Eh bien! ces filles ne trouveront pas à se marier à des hommes raisonnables et resteront pour coiffer sainte Catherine, comme on dit à la campagne; — et cette triste situation est encore la meilleure chance que leur présente l'avenir, — car le mariage pour elles, si elles rencontrent des maris, sera une vie de privations, — et leurs maris leur rendront les chagrins qu'elles ne peuvent manquer de leur faire. Je vous l'ai dit, j'aime le luxe, je suis gourmand, etc., je suis moins courageux que ma femme pour les privations que nous avons décidé de nous imposer pour le bonheur de nos filles et de nos futurs gendres. — Moi, je satisfais surnoisement mes vices ; — je me suis fait membre d'un cercle où j'ai de splendides salons, où je fais, une fois ou deux par semaine, d'excellents dîners.

Quand nos filles seront mariées, nous deviendrons riches tout de suite, j'aurai une voiture, j'aurai un bon cuisinier, etc. Quand nos enfants viendront chez nous, ils profiteront de cet accroissement dont nos filles n'auront pas pris l'habitude, et leurs visites seront une fête pour elles comme pour nous.

X

DE LA MUSIQUE. — DES POEMES POUR
LA MUSIQUE. — DE L'ÉGALITÉ

J'ai entendu un peu de musique par ces derniers temps, et j'ai fait quelques observations. La première, c'est celle-ci : La musique tend de plus en plus à être remplacée par du bruit, la puissance de l'orchestre est de plus en plus formidable, et on a l'air de ne pas s'apercevoir d'une chose qui est cependant inévitable et indiscutable, — à savoir : qu'il n'y aura bientôt plus de chanteurs possibles.

Autrefois le chant était le principal, l'orchestre, l'accessoire. Les instruments se groupaient autour de la voix humaine et l'accompagnaient. — Aujourd'hui, la voix du chanteur n'est plus qu'un des instruments de l'orchestre, quelque chose qui a la valeur, tantôt de la petite flûte, tantôt du triangle.

— Or nous n'en resterons pas là; bien plus, nous n'en sommes déjà plus là : on a augmenté d'abord le nombre, ensuite la puissance des instruments fabriqués de main d'homme; mais la voix humaine est restée stationnaire. — Les efforts que fait un chanteur l'usent en trois ans. — Nous jouissons quelques mois d'une belle voix, et ensuite nous payons chèrement ce plaisir en assistant à sa ruine pendant plusieurs années; si bien que si nous faisons le bilan de tout chanteur célèbre qui se retire, il nous a donné plus de sensations pénibles que de sensations agréables.

Il faut donc aujourd'hui, si l'on veut continuer le même système, donner à nos chanteurs le masque des comédiens antiques, qui grossissait la voix et lui permettait de remplir les vastes amphithéâtres des Romains, — ou bien renoncer à la voix humaine, et faire des chanteurs de bois ou de cuivre qui, eux, pourront suivre les progrès et la puissance nouvelle des autres instruments.

C'était cependant une belle musique que la voix humaine. Depuis Duprez, surtout, nous sommes accoutumés à la pénible sensation d'entendre les chanteurs donner un peu plus de voix qu'ils n'en ont, et vomir avec effort des notes douloureuses cruellement arrachées de leurs entrailles. Il est fort agréable d'entendre un chanteur, avec la conviction qu'il ne va pas tout à fait au bout de sa voix, et que le chant est pour lui un art et non un supplice, comme celui que s'imposent les faquirs, qui, pour attirer l'admiration et les aumônes, s'assoient à nu sur des clous, au milieu des places publiques, et se font sur les bras des incisions avec des couteaux.

Une seconde observation que j'ai faite, c'est sur l'injustice de la critique que font les littérateurs de tous les poëmes d'opéra : ils exigent que la poésie des libretti soit de la vraie poésie, qu'elle soit neuve, correcte, élevée, etc., etc.

Pourquoi, d'abord, ferait-on des paroles avec tant de soin, puisque loin que le public les entende, ce n'est que par intervalles qu'il entend même les voix ? Mais il est une autre objection à faire à ces sévères critiques : — la belle poésie est une musique elle-même, et n'a pas besoin du musicien ; quelque modéré que fût l'orchestre, quelque nettes que fussent les voix, quelque soigneux que fussent les chanteurs, on perdrait toujours quelque chose des paroles. — Ce qu'on n'entendrait pas rendrait impossible à comprendre ce qu'on entendrait. Donc il faut éviter, dans un poëme destiné à être mis en musique, non-seulement les pensées subtiles et recherchées, et les nuances délicates, et les mots peu usités, mais même les pensées fines et neuves. Il faut faire en sorte qu'une syllabe qu'on entend fasse deviner la fin du mot ; qu'un membre de phrase que l'orchestre laisse entendre livre facilement à l'esprit le reste de la phrase que l'orchestre écrase. Il est donc indispensable, pour que le spectateur puisse suivre un opéra, qu'il n'y soit question que de pensées ordinaires, connues et usitées. De là, on arriverait à dire : — Mais si on ne faisait pas de paroles pour la musique ? — Pour ma part, cela me serait bien égal. Vous voyez, du reste, que les Italiens ne s'en gênent guère, et que, dans la liste des sujets qui appartiennent à la troupe, ils placent le poëte après tous les chanteurs, entre le troisième régisseur et le lampiste, et qu'ils ne mettent sur l'affiche que le nom du musicien.

L'égalité est une des questions sur lesquelles il s'est fait le plus de mensonges et dit le plus de sottises de ce temps-ci.

Qu'est-ce que l'égalité ? A quelque distance, un champ de blé, qui abaisse ou relève sous le vent ses ondes blondes et luxuriantes, présente aux yeux une surface plane et égale ; mais examinons-la de près.

A peu d'exceptions, les chaumes et les épis sont à la même hauteur ; mais les uns ont grandi par la force de la séve, les autres par l'étiolement et la privation de l'air qu'ils sont allés chercher entre les plus grands qui les étouffaient ; les uns n'ont qu'une tige grêle, les autres en ont cinq ou six grosses ; les uns sont pleins et lourds, les autres vides et légers ; les uns sont du froment, les autres ne sont que de la paille.

Et, en effet, d'abord la semence n'était pas homogène, tous les grains confiés à la terre n'étaient pas également mûrs, également gros, également sains ; quelques-uns avaient été d'avance attaqués et à moitié vidés par les charançons ; ensuite, quelque soin qu'apporte le laboureur à éparpiller et à enfouir l'engrais destiné à réparer les forces d'une terre fatiguée, le sol n'est pas partout également fortifié ; il est des parties plus ou moins maigres, plus ou moins caillouteuses.

Qu'est-ce que l'égalité? Tout le monde la veut

avec son supérieur ; personne ne l'accepte avec ceux qui sont au-dessous de lui.

Pour l'un, c'est d'être à son tour le maître; le maître de qui, si tous les hommes sont égaux ? Il ne s'en préoccupe pas ; il veut être l'égal de ceux qui sont au-dessus de lui, mais il n'aura pas assez de sarcasmes pour ceux de ses inférieurs qui tendront à s'élever.

Ecoutez un piéton dans la rue; les clameurs des cochers qui lui crient : Gare ! l'agacent et l'irritent; il se retourne, le regard haineux, la voix provoquante, et il dit : « Il n'y a donc pas de place ? » Et il veut que ce soit la voiture qui se dérange. Que demain ce soit lui qui, à son tour, sillonne les rues en cabriolet, il ne sera pas moins en colère, mais ce sera contre les piétons qui embarrassent la voie publique et ralentissent sa course, et il dira : « Ils ne peuvent donc pas se ranger et marcher sur les trottoirs ! »

Voulez-vous parler de l'égalité politique ? Mais c'est un rêve, mais c'est un mensonge, mais c'est une étape sur la route. Mais vous n'en voulez pas. Voici ce que c'est que l'égalité : vous demeurez à l'entre-sol ; vous fabriquez une échelle dont le premier échelon commence précisément à l'endroit où vous êtes, quoique les pieds touchent à terre ; vous appliquez cette échelle sur la maison, vous dites à ceux d'en bas : « Tenez bien l'échelle pendant que je monte, vous monterez après moi. » Vous criez à ceux d'en haut qu'ils sont des égoïstes et de grands criminels parce qu'ils essayent de secouer l'échelle et de vous précipiter ; mais ceux d'en bas tiennent bon : vous entrez par la fenêtre à l'étage supérieur. Une fois hissé, vous vous empressez de retirer l'échelle avec l'aide, cette fois, de ceux qui vous reçoivent dans leurs rangs malgré eux, et vous la retirez si brutalement, que vous écorchez les mains de ceux qui vous l'ont tenue et qui voudraient la retenir pour grimper à leur tour. Cela fait, vous vous occupez de jeter par la fenêtre ceux avec lesquels vous réclamiez l'égalité ; pendant ce temps, un autre d'en bas a reconstruit une échelle semblable à la vôtre ; il fait les mêmes discours qui obtiennent le même succès, c'est-à-dire qu'on lui tient l'échelle comme on vous l'a tenue, c'est-à-dire qu'il entre par la fenêtre comme vous y êtes entré, malgré vos efforts pour l'en empêcher ; c'est-à-dire qu'une fois arrivé il tire l'échelle avec votre aide, puis s'occupe du soin de vous jeter par la fenêtre.

Beaucoup de gens bornent leurs vœux à l'égalité

qui consiste à ce que tout le monde soit habillé la même chose ; à ce que l'ouvrier ait une redingote pareille à celle du patron, laquelle est semblable à celle du petit rentier, laquelle est semblable à celle du millionnaire.

Sous ce prétexte, tout le monde se déguise en quelqu'un de plus riche qu'il n'est, et cette mascarade ne trompe que les masques ; tout le monde veut attraper tout le monde, et chacun n'attrape que soi-même.

Ah ! vous prenez cela pour de l'égalité !

Mais c'est la plus triste, la plus misérable des inégalités. L'homme riche trouve en se réveillant ses beaux habits, toujours neufs, tout brossés, au pied de son lit ; il lui vient de beaux habits, comme il pousse une épaisse toison au bélier, comme il pousse des plumes de topaze, de rubis et d'émeraude au colibri.

Que le riche et le pauvre se rencontrent le soir, dans le même salon, avec des habits semblables.

Le premier est frais et dispos ; il n'a pas l'esprit fatigué ni inquiet ; il porte avec aisance des habits qui ne lui ont coûté ni soucis ni privations, qui seront naturellement remplacés par d'autres quand ils auront perdu leur fraîcheur ou ne seront plus à la mode.

Le pauvre a évité de passer par la rue où demeure son tailleur : le matin, le bottier lui a apporté une note qu'il n'a pu acquitter, et que ledit bottier ne compte pas laisser augmenter; ses habits lui représentent mille privations, mille inquiétudes, il lui semble que son soulier a craqué ; il jette sur son pied des regards inquiets et furtifs ; il tombe sur lui de la cire d'un lustre ; il n'a plus de gaieté, plus d'entrain, plus d'esprit ; cela se nettoiera-t-il bien ? Il tâche de savoir si c'est de la bougie de cire, qui se dissout avec de l'esprit-de-vin ou du suif raffiné, qui s'enlève avec du papier brouillard et une pelle rouge ; une pelle rouge ! grand Dieu ! et si l'on allait brûler l'habit ! il fera l'opération lui-même. Mais ne lui parlez plus de politique, ni d'art, ni de littérature, ni d'amour ; il ne comprend plus, il est absorbé, il croit entendre la pluie, il lui faudra prendre une voiture ou gâter ses souliers vernis. Que faire ? Prendra-t-il, ne prendra-t-il pas la voiture ?

Et les femmes donc : en voici deux qui passent dans la rue ; toutes deux sont habillées à peu près de même ; toutes deux se sont retournées et ont jeté l'une sur l'autre ce regard féroce qui voit tout, des talons du brodequin à la plume du chapeau, ce regard qu'échangeraient deux chevaliers armés de toutes pièces au moment d'en venir aux mains.

Cependant l'une est riche et l'autre est pauvre ; la première n'a eu, pour se procurer ces vêtements somptueux, qu'à aller les choisir dans les magasins, comme une bergère d'idylle

Cueille en un champ voisin ses plus beaux ornements;

et l'autre, que d'inventions ingénieuses, que d'économies sordides, que de privations imposées non-seulement à elle-même, mais aussi à son mari et à ses enfants ! et ces hideuses dettes qui avilissent la femme bien plus encore que l'homme, et, bien pis que tout cela, les exemples en sont aujourd'hui innombrables, cette femme, dont le cœur était honnête, cette femme qui aimait son mari, après qu'elle l'a forcé à un travail au-dessus de ses forces, après qu'elle l'a poussé à des entreprises hasardeuses, à des tentatives où il joue son honneur, l'honneur de son nom et du nom de ses enfants ; quand il lui est bientôt démontré que ses efforts sont impuissants et que cela ne suffit pas, — le luxe monte comme une marée d'équinoxe, — et pourtant il faut qu'elle soit vêtue « comme tout le monde, » c'est-à-dire comme les plus riches ; alors, honnêteté, pudeur, amour conjugal, amour maternel, elle renonce à tout, il faut de belles robes à tout prix ; elle se vendra pour les avoir. Oh! alors elle sera fière et heureuse. Et vous appelez cela de l'égalité !

Comme tout le monde ! Et pourquoi étendre ainsi votre horizon ? pourquoi ne pas vous contenter d'être assez bien vêtue pour être jolie ? pour paraître belle aux yeux d'un mari ou d'un amant ? Quel est le résultat de tant de soucis et de tant de honte, quelquefois ? Exciter l'envie et la critique des autres femmes que vous ne connaissez pas, qui passent une fois par hasard auprès de vous dans la rue. C'est doux, j'en conviens, c'est un beau triomphe ! Mais ne le payez-vous pas un peu cher en descendant si bas, sous prétexte d'atteindre à l'égalité ?

L'égalité ne serait-elle pas de plaire également à un homme choisi par vous, d'être également l'orgueil, la joie de la famille, l'ange du foyer, même le plus petit, la reine heureuse et aimée de la maison, quelque humble qu'elle soit ?

La brune violette, améthyste vivante,
Dans l'herbe épanouit sa corolle odorante.

Sur ses rameaux armés qui protégent les nids,
L'aubépine en parfums amers et doux s'exhale.
Cependant sur l'étang le nénufar étale
Et son large feuillage et l'orgueil de ses lis,
Tandis que, du sommet d'un arbre où sa fleur grimpe,
Le chèvrefeuille épand son parfum enivrant,
Qui fait songer parfois qu'il descend de l'Olympe
L'arome du nectar que Jupin souriant
Aura laissé tomber de sa coupe trop pleine.

Dans le sable brûlant de la rive africaine,
Sous les plus chauds baisers du plus ardent soleil,
Le cactus ouvrira son calice vermeil,
Tandis que du Daphné les petites fleurs vertes
Aiment des bois obscurs les retraites couvertes,
Où pour le rossignol mûrissent leurs grains noirs
Que leur paye en chansons le poëte des soirs.
La giroflée, aux jours froids — lance de sa gousse
Ses graines, petits œufs noirs que sème le vent,
Que couve le soleil. — Il arrive souvent,
Lorsque revient avril et son haleine douce,
Que l'une en un bon sol tombe, végète et pousse,
Vigoureuse, touffue et d'un beau vert vivant;
Et qu'une autre, emportée au hasard, se cramponne
Au sommet lézardé des ruines d'un mur.
Quoique petite et grêle, elle aura sa couronne;
Ses fleurs d'or brilleront sur un beau fond d'azur;
Et, demandant au ciel la fraîcheur refusée
Par la terre marâtre, — à ce beau ciel si pur
En doux parfums ambrés renverront sa rosée.

Voilà l'égalité, tout a sa place et vit,
Libre, heureux, tout sent bon et tout s'épanouit.

Vous voyez que je ne me gêne pas ; je vous dis des vers, c'est un peu familier ; mais vous m'excuserez : il m'arrive quelquefois que la pensée prend cette forme presque malgré moi ; et, d'ailleurs, on ne se gêne pas avec ses amis.

Continuons et surtout finissons.

Au point de vue social et politique, vous avez droit à l'égalité devant la loi ; nous examinerons quelque autre jour ce sujet. Excepté cela, vous n'avez aucune égalité à réclamer. Il dépend de vous d'être l'égal de tout le monde, mais à condition que ce n'est pas sur le plus ou moins d'argent qu'ils ont que vous assignerez leur rang aux hommes. C'est ainsi que l'on fait aujourd'hui, et c'est une tendance subversive de tout ordre et de toute société.

J'ai vu un magistrat qui ne reçoit pas six mille francs par an, être appelé à prononcer sur cette question : « Un acteur comique, dont la valeur consiste surtout en cela : qu'il est mal bâti, qu'il a le nez très-long et l'air stupide, est-il suffisamment rétribué par des appointements de trente mille francs par an ? »

Eh bien, le magistrat prononça négativement en faveur de l'acteur, sans s'inquiéter le moins du monde de ce que ce personnage était dix fois plus rétribué que lui.

La retraite d'un général de division, eût-il sauvé dix fois son pays, est de six mille francs. Un ténor attend, pour quitter le théâtre, à avoir cent mille francs de rente.

Le magistrat et le général ont besoin de croire que les hommes sont classés autrement que par l'argent, sans quoi tout magistrat un peu laid, tout général d'une voix agréable, se feraient acteur comique ou ténor.

Mais cependant, et surtout aujourd'hui, le plus grand nombre croit que l'égalité consiste à ce que tout le monde fasse la même chose, à ce que tout le monde soit riche. Mais, si tout le monde suit le même sentier, on se pressera, on se coudoiera, on se marchera sur les talons, on se bousculera; pourquoi ne pas prendre divers chemins?

Un laboureur habile est l'égal d'un habile orateur et d'un poëte de talent, d'un savant médecin?

Un mauvais poëte, un orateur médiocre, un médecin ignorant, ne sont pas les égaux de l'habile laboureur.

Une fois cette vérité établie, acceptée, nous ne verrions plus le laboureur choisir entre ses fils, garder avec lui, pour lui donner son état, le moins intelligent de tous, et vouloir faire des autres un avocat, un médecin, un marchand, ou tout au moins un huissier, — les paysans aspirent l'*h*, dans le mot huissier, par respect. — Un laboureur peut et doit être savant ; il n'est guère de science qui ne puisse lui être utile, et les bœufs n'en laboureront pas plus mal parce qu'il les excitera en bon français, ou les guidera en se récitant les vers des poëtes latins :

> Felices nimiùm, sua si bona nôrint
> Agricolas....

ou

> Beatus ille qui procul negotiis,
> Ut prisca gens mortalium,
> Paterna rura bobus exercet suis.

Le ménage n'en ira pas plus mal si la femme est musicienne, et si, le dimanche, ils chantent et lisent ensemble.

Mais combien de temps ces idées mettront-elles à s'introduire dans les cerveaux ? Un philosophe l'a dit : une idée juste est un coin qu'il faut faire entrer par le gros bout.

Un jour que je dînais au Havre, chez un ami que

sa position et ses goûts portent à voir nombreuse compagnie, je me trouvai, par hasard, assis à côté d'une femme assez jolie pour une Havraise. — Les femmes s'ennuient tellement au Havre, qu'elles sont presque toutes laides. — Nous ne nous connaissions pas ; mais mon métier, qui me met un peu en vue, la solitude dans laquelle je vivais à la campagne, et aussi la jalouse avidité avec laquelle on accueille les fables les plus absurdes, les calomnies les plus saugrenues sur un homme qui fait des livres, me rendaient pour ma voisine un objet de curiosité. Elle se familiarisa doucement, comme fait un enfant avec un gros chien : il ne le touche d'abord qu'en tremblant et en hésitant, le flattant doucement de la main ; mais, si le chien ne grogne pas, l'enfant passera à de petites tapes et finira par lui tirer les oreilles.

Ma voisine me questionna à propos de quelques-uns des contes qu'on lui avait faits à mon sujet ; je lui répondis avec bienveillance et un peu plus de gaieté qu'elle n'en vit paraître. Enfin elle devint hardie : « Mon mari me disait encore hier, dit-elle, qu'il ne comprenait pas comment vous alliez avec tout le monde. Il vous a rencontré l'autre jour donnant le bras au pilote Lefèvre, de Quillebœuf.

— Madame, lui demandai-je, votre mari n'est-il pas ce gros homme qui est à côté de la maîtresse de la maison ?

— Oui, monsieur.

— Eh bien, madame, vous me ferez le plaisir de lui dire de ma part que je ne vais pas avec tout le monde : par exemple on ne m'a jamais vu et l'on ne me verra jamais avec lui. »

En effet, le gros homme en question était un négociant riche, il est vrai, mais dont la fortune passait pour médiocrement innocente et était notoirement attribuée à des succès peu honorables, tandis que le pilote Lefèvre, de Quillebœuf, est un marin très-instruit, très-habile, et qui, aux jours de fête, porte sur sa poitrine deux médailles d'argent et une médaille d'or, sur lesquelles il est écrit qu'il a sauvé vingt-sept hommes au péril de sa vie.

Eh bien, c'est de très-bonne foi que le gros homme se croyait très-supérieur à Lefèvre ; c'est de très-bonne foi que sa femme partageait son opinion ; c'est de très-bonne foi encore que Lefèvre lui-même se croyait l'inférieur du gros homme.

XI

PLAIDOIRIE POUR UN PAUVRE SALTIMBANQUE

Ce que c'est que l'étude des grands modèles !
Pour beaucoup de gens, ça les conduit à ne rien
regarder que dans un miroir et à ne jamais envisager les objets eux-mêmes. Les poëtes du siècle de
Louis XIV n'avaient jamais vu le printemps et les
roses que dans les livres grecs et latins, c'est pourquoi ils appellent le mois de mai le mois des roses.
C'est sans doute à une étude trop assidue des anciens qu'il faut attribuer les distractions d'un journal, copié par presque tous les autres, qui, racontant l'évasion et la fureur d'un taureau dans une
rue de Paris, prétend que ce taureau labourait la
terre avec ses cornes. La manie des centons mène

loin, beaucoup de gens ont sur chaque sujet des phrases toutes faites : quand un mot se présente, on tire le tiroir où sont serrées les phrases applicables à ce mot. Exemple, le lion, ouvrez le tiroir : frappe ses flancs de sa queue. Le taureau, ouvrez le tiroir : laboure la terre de ses cornes, etc. Puis on replie proprement ses phrases, et on les remet dans le tiroir jusqu'à la prochaine occasion.

Il me prend une grande pitié des pauvres devins, sorciers et nécromanciens, contre lesquels le ministère public a souvent déployé de remarquables rigueurs. — Je me hâte de dire ici que je ne me charge pas toujours d'expliquer certaines austérités, je ne me permets pas d'exprimer ici le moindre blâme. — Je cause un moment, et voilà tout.

Il y a eu le même jour trois condamnations que voici : Danjou a été condamné pour pain vendu en surtaxe et pour défaut de pesage ; — le premier délit lui coûte 11 francs, et le second, 2 francs.

Antoine Boyer, qui a vendu du vin valsifié, payera 6 francs d'amende.

Foisol, saltimbanque, convaincu d'avoir tiré les

cartes et prédit l'avenir, n'en sera pas quitte à moins de 15 francs.

Danjou a vendu du pain trop cher et à faux poids ; Boyer a vendu du vin falsifié, du vin qui n'était pas du vin, c'est-à-dire qu'il a vendu l'eau de la Seine colorée avec des baies de sureau et d'hièble. Danjou a obligé peut-être toute une famille pauvre à se rogner les portions d'un pain qui n'est peut-être pas quotidien. — Pour Boyer, *perfidus caupo*, on venait chez lui chercher pour quelques sous une bouteille de force et de courage, un litre d'oubli et de gaieté. On a bu la boisson hypocrite.— On n'a trouvé dans ses fallacieuses bouteilles ni force, ni courage, ni gaieté, ni oubli.

Je suis sûr d'avance que la marchandise de Foisol a été plus loyalement livrée. — Que demandait-on au tireur de cartes, au nécromancien en plein air ? — Mon ami, lui disait-on, je m'ennuie du présent, j'y suis triste, pauvre, ridicule, abandonné. Ne pourrais-tu me vendre des rêves, des espérances, des illusions ? Trompe-moi, mon ami, fais-moi croire que je deviendrai riche, puissant, heureux, adulé. Il y a des gens qui prétendent qu'il suffit de croire à de hautes destinées pour y arriver, et les exemples, au besoin, ne manqueraient pas.

Et Foisol, à coup sûr, ne mélangeait à ses pratiques les prédictions heureuses d'aucun malheur ; il ne les chicanait pas sur la mesure ni sur le poids des espérances qu'il leur faisait donner par l'as de trèfle et le valet de cœur, — argent et amour. Si, par hasard, il apparaissait dans votre jeu la dame de carreau, cette méchante femme, ou le neuf de pique, cette grande tristesse, il ne se faisait aucun scrupule d'obliger avec un peu d'adresse l'as de carreau à paraître un peu plus tôt qu'il n'y songeait, et à vous annoncer une lettre favorable qui déjouerait les intrigues de la rousse Rachel.

Si vous partiez de chez le boulanger, en supputant combien exigus seraient les morceaux de pain à distribuer à vos petits qui vous attendaient sur le palier du dernier étage de l'escalier, comme les oiseaux sur le bord d'un nid au haut d'un arbre ; — si vous sortiez de chez le marchand de vin la bouche mauvaise, le cœur affadi, l'esprit plus triste que lorsque vous y étiez entré, vous aviez, en quittant la baraque de Foisol, un sourire de confiance qui restait encore empreint sur vos traits jusqu'au coin de la rue ; vous portiez légèrement le présent en songeant à l'avenir qui se levait à l'horizon, paré, comme le soleil du matin, des fraîches couleurs de la rose et du lilas. — Que d'heureux mensonges, d'espérances, de rêves, Foisol vous avait donnés pour votre argent ! — Il vous avait fait bonne mesure. Si j'avais aujourd'hui quelque chance d'être écouté favorablement des sévères organes de la justice, je leur dirais : Ayez un peu d'indulgence pour ces marchands d'espérances ; faites semblant de ne pas voir leur piètre industrie ; si vous saviez tout ce qu'ils promettent et tout ce qu'ils font croire pour deux sous ! Ces promesses, direz-vous, ne se réaliseront pas ; ces croyances seront trompées. — Ah ! monsieur, faut-il retrancher de la vie tout ce qui fait des promesses menteuses ? L'amour vous a-t-il, par hasard, donné tout ce qu'il vous avait promis ? Avez-vous fait vos comptes avec l'amitié ? — Cette rigidité même que vous apportez dans l'exercice de vos respectables et utiles fonctions, êtes-vous bien sûr qu'elle vous rapportera ce que vous en avez le droit d'attendre ? Rien n'arrive dans la vie ni comme on le craint, ni comme on l'espère... — D'ailleurs, combien de personnages illustres que vous ne pourriez blâmer, pas plus que je ne le puis moi-même, ont demandé à ces douteux prophètes de caligineuses révélations! — L'empereur Napoléon Ier était, disent les mémoires du temps, assez superstitieux, et il est sinon vrai, du moins de notoriété publique, qu'il consultait mademoiselle Lenormand, cette sibylle de la rue de Tournon. Sa gloire n'a pas souffert de ce bruit plus ou moins fondé.

Ah ! monsieur, regardez autour de vous, dans les affaires, dans l'industrie : Foisol est encore un de ceux qui nous trompent le moins.

XII

QUELQUES NOUVELLES DE LA GAITÉ
FRANÇAISE. — HISTOIRE D'UNE DUCHESSE
QUI S'ENNUIE

VII

QUELQUES NOUVELLES DE LA GAITÉ
FRANÇAISE. — HISTOIRE D'UNE BLONDASSE
QUI S'ENNUIE

On a vu de notre temps disparaître de la société et de la conversation la gaieté et l'enjouement, qui en faisaient presque tout le charme. — On a cru quelque temps que cela provenait de ce qu'il n'y avait plus de gaieté, de ce qu'il n'y avait plus d'enjouement, de ce qu'il n'y avait plus de jeunesse et plus d'insouciance, — de ce que les préoccupations d'argent, saisissant les hommes au sortir du collége, assombrissaient leurs riantes années.

Mais il faut renoncer à cette explication, — quand on voit les bals publics — et les parties de plaisir plus secrètes, — les soupers, les orgies, les danses bizarres et furieuses.

En renonçant à cette explication, il faut en chercher une autre pour les airs empesés, guindés, — froids, — dédaigneux, que prennent les jeunes hommes dans le monde.

C'est qu'on ne sait plus être à la fois gai et de bonne compagnie; c'est qu'on s'est habitué à ne trouver le plaisir et la gaieté que dans des amusements bruyants, de goût médiocre et même un peu crapuleux; c'est qu'on sait bien que, si on ouvrait la bouche pour sourire, on ne pourrait s'empêcher d'émettre le rire bruyant, mêlé de hoquets du bal masqué; — c'est que, si on dansait, on ne pourrait dissimuler les cortorsions grotesquement indécentes de Mabille et du Château-Rouge; c'est que, si on parlait, on dirait peut-être des sottises et des incongruités; — c'est qu'on se réfugie dans le silence et la gravité, parce qu'on n'a rien à dire; — c'est qu'il est plus facile de faire de la roideur que de la dignité; que l'on se juche péniblement sur un piédestal d'où l'on tomberait lourdement si on faisait un pas, si on risquait un mouvement.

J'ai vu, il y a quelque temps, un exemple frappant de la nécessité de cette mesure prudente.

Une excellente fille s'était fait épouser par je ne sais quel seigneur contemporain, — appelons-le le duc Trois-Etoiles.

Ça lui plaisait de devenir duchesse, — mais ça ne l'amusa pas longtemps de l'être. — La pauvre fille était obligée de se tenir roide et empesée, et jetait parfois autour d'elle des regards suppliants pour voir si de quelque point de l'horizon il ne viendrait pas quelque occasion de chiffonner son manteau blasonné. Le pauvre duc, de son côté, devenait de plus en plus morose.

« On m'a forcée d'apprendre à lire, écrivait-elle à une de ses anciennes amies ; — on me disait que ça m'amuserait, que je lirais des histoires et des romans pendant les heures où je suis seule ; — car on ne veut pas que je voie mes anciennes connaissances, — et il ne s'en présente pas de nouvelles. — N'apprends jamais à lire, ma chère : c'était un piége. — Maintenant que je sais lire, on me donne de gros livres, pas amusants du tout, Bossuet et

Frayssinous. J'aime mieux Frayssinous, parce que Bossuet, je le comprends un peu, et il m'ennuie, tandis que, si Frayssinous ne m'amuse pas, il ne m'ennuie pas non plus ; — je n'en comprends pas un traître mot ; — de sorte que ça m'est à peu près égal : je lis Frayssinous comme si je tricotais. »

De temps en temps le duc Trois-Etoiles saisissait ou faisait naître une occasion pour la pauvre..... disons Augustine, de jouer en public les rôles de duchesse ; — seulement il la surveillait et la tenait soigneusement, ces jours-là, en lesse et muselée ; — de plus, il établissait entre elle et le public un petit cordon sanitaire de quelques intimes ; — lui-même était toujours à portée de la tirer par sa robe si elle riait au lieu de sourire, si elle parlait trop haut, si elle faisait un geste trop brusque, etc.

Un jour, on la fit quêter dans une église de campagne, le jour de la fête. — Elle avait fait très-bien et très-somptueusement les choses pour le pain bénit et les menus détails ; mais elle avait une si belle robe, que les femmes de l'assistance la prirent à l'instant même dans une haine profonde, — et que tout ce qu'on disait d'elle, mêlé comme tout ce qu'on dit de vrai ou de faux, — se trouva prouvé incontestablement et établi sans réplique. Quelqu'un aurait dit qu'elle avait coupé son père en petits morceaux, que personne n'aurait élevé le moindre doute à ce sujet. — Elle se tira assez bien d'affaire ; — elle bouscula bien quelques chaises ; mais, comme en même temps elle accrocha et déchira ses dentelles, on le lui pardonna.

Elle était émue et rouge comme une pêche ; — la sueur perlait sur son front ; — elle fut bien délivrée et bien heureuse lorsqu'elle eut fini le tour de l'église, et qu'il lui fut permis de regagner sa place.

La messe finie, le duc Trois-Etoiles reçut, par un exprès, une lettre qui, pour une affaire des plus urgentes, le forçait de partir à l'instant même pour une de ses terres.

Il la laissa seule avec un vieil ami à lui, en lui recommandant de la surveiller et de ne pas sortir.

Mais il se donnait, ce soir-là, un bal à la suite de la quête de l'église. — La quête et le bal étaient au bénéfice des pauvres ; le maire vint inviter ma-

dame la duchesse à embellir le bal de sa présence.
— Elle refuse, le maire insiste ; — elle consulte le vieil ami, qui pense qu'un refus prolongé serait désobligeant, et lui dit : Allons à ce bal, nous y resterons un quart d'heure et nous nous éclipserons.

Mais le maire conduisit la duchesse jusqu'au fond de la salle, — et comme la salle se trouva bientôt pleine, il devint impossible de s'esquiver. On dansa ; on vint inviter la duchesse, qui répondit qu'elle était fatiguée et un peu souffrante. — Le mot était drôle, à voir sa belle, bonne, joufflue, rubiconde et épanouie figure.

— Est-ce que vous ne savez pas danser ? lui demande tout bas le vieil ami.

— Au contraire, dit-elle d'une voix émue et stridente, si je refuse de danser, c'est que je danse trop bien. — Dieu sait, et la garde municipale aussi, quels cercles on faisait autour de moi à Mabille et au Château-Rouge !

— Mais vous pourriez ne faire que marcher.

— C'est difficile.

Un peu après, elle dit :

— Quelle bête de musique est-ce que jouent ces gens ? Même pour un enterrement ça serait un peu triste. Non, certes, je ne saurais pas danser sur ces airs funèbres.

Un peu après :

— Ah ! c'est mieux, c'est dansant ; et, ajouta-t-elle avec un soupir, c'est bien amusant de danser ! — il y a plus d'un an que je n'ai fait un pauvre petit pas en mesure. — Tenez, il faut que je danse.

— Mais prenez garde ! vous venez de me dire que vous dansiez trop bien.

— Et vous, que je pouvais ne faire que marcher.

— Et vous, que c'était difficile.

— Oui, mais ça m'agace de voir les autres danser ; emmenez-moi ou je danse.

— Vous m'épouvantez.

— Il y a de quoi !

— Mais c'est impossible de s'en aller, tout le monde vous voit.

A ce moment l'orchestre fit entendre la ritournelle.

— Écoutez, dit-elle, je n'y tiens plus, il faut que je danse ; il y a un moyen pour que je ne fasse pas d'extravagances, dansez avec moi.

— Mais c'est impossible, je suis vieux, je ne danse plus.

— C'est précisément ce qu'il faut ; vous me modérerez, je serai bien obligé de me conformer à vos allures.

— Mais alors vous ne pourrez plus ensuite refuser de danser avec les autres, et le diable sait ce qui arrivera.

— Non, la contredanse finie, je ferai semblant de me donner une entorse, et vous me conduirez tout de suite chez moi. — Allons, vite en place.

— Mais...

— Pas de mais...

— Non, décidément, c'est impossible !

A ce moment l'orchestre fit entendre un quadrille joyeux. Elle n'y tient plus, elle se lève.

— Je vais aller dire à ce jeune homme là-bas, ce blond, que j'accepte son invitation.

— Mais il ne vous a pas invitée.

— C'est égal, ce sera plus drôle.

— Eh bien ! je vais danser avec vous.

On se met en place, la duchesse se tient roide, composée, marche à peine en mesure, ne sourit pas. La chaîne des dames se passe bien.

— Êtes-vous content de moi ? dit-elle à son vieux cavalier.

— Très-content ; vous avez une danse réservée, décente, on ne peut mieux.

Mais dans la figure suivante la duchesse s'anime un peu, — ses petits pieds frappent le parquet sonore ; en reculant elle se laisse faire un mouvement saccadé de la croupe, particulier aux dames de Mabille. Le jeune homme qui lui fait vis-à-vis, le blond en question, qu'elle avait remarqué, a vu et reconnu ce mouvement ; il en est électrisé, il fait un *cavalier seul* très-accentué.

L'orchestre tombe pour la figure suivante sur l'air de *Drinn drinn*, — il s'agit d'un avant-deux entre le blond et la duchesse, — ils se regardent, ils s'animent ; les grands pas risqués par le cavalier grisent la danseuse ;—au lieu de traverser, il la prend dans ses bras, ils partent et s'échappent de la contredanse dans un galop violent. — Le chef d'orchestre, un moment surpris, se remet et ordonne le galop infernal de Musard. Tout disparaît pour les danseurs ; ils tourbillonnent enivrés, les autres danseurs s'arrêtent... Ils font quatorze fois le tour de la salle, aux applaudissements frénétiques de l'assistance. D'abord ils reproduisent les détails les plus singuliers, les plus ardents du galop de Musard. — Mais bientôt leur génie s'allume ; ils inventent, ils improvisent, ils reculent les bornes du cancan gracieux, — et exécutent aux regards étonnés des figures qui font pâlir la *chaloupade* et la *tulipe orageuse*.

Mais le duc est revenu. Ne trouvant pas sa femme à la maison, il est venu jusqu'au bal. Il entre. Le vieil ami le voit ; il poursuit les danseurs, — atteint la duchesse ; — elle s'arrête, le regarde et va l'écouter, — mais elle voit son mari. Son danseur a fait un signe à l'orchestre, qui précipité le mouvement ; elle est entraînée, subjuguée, ivre ; ils repartent en galopant. Mais elle lui dit tout bas : — Je suis perdue ! Sauvons-nous ! — Ils font encore une fois le tour de la salle dans un galop frénétique.—Les beaux cheveux de la duchesse se sont dénoués. Tous deux sortent par une porte ouverte, toujours en galopant ; ils traversent le jardin sans suspendre leur course. — Mais là est une voiture, ils montent dedans, — promettent dix louis au cocher. — Ils volent à Paris, de Paris en Belgique, de Belgique à Bade.

Voilà pourquoi la jeunesse parisienne est roide, contrainte, froide et dédaigneuse. — C'est qu'elle ne peut pas s'égayer à moins que ça.

TABLE

		Pages
I.	— ... Monsieur sait du grec autant qu'homme de France.	1
II.	— Castor et Pollux.	71
III.	— Le progrès. — Un usage nouveau. — Le Piémont et les jésuites. — Gérard de Nerval. — Sur l'argent. — Légitimité de la fausse monnaie. — Les marges des livres, etc.	83
IV.	— L'auteur avoue son orgueil et plaide pour lui. — Éloge de l'orgueil.	203
V.	— En faveur de quelques honnêtes femmes.	213
VI.	— Quelques vers.	219
VII.	— De la mode en musique et en littérature.	225
VIII.	— De la beauté des femmes et de la beauté des hommes.	231

		Pages
IX.	— L'éducation des filles.	245
X.	— De la musique. — Des poëmes pour la musique. — De l'égalité.	357
XI.	— Plaidoirie pour un pauvre saltimbanque.	277
XII.	— Quelques nouvelles de la gaité française. — Histoire d'une duchesse qui s'ennuie.	285

FIN DE LA TABLE

Paris. — Imprimerie A. Wittersheim, 8, rue Montmorency.

www.ingramcontent.com/pod-product-compliance
Lightning Source LLC
Chambersburg PA
CBHW071131160426
43196CB00011B/1856